KB041492

죽음과 삶의 드라마로서 인간의 유한성

죽음과 삶의 드라마로서 인간의 유한성

신화 · 종교 · 문학 · 철학적 논의

라이너 마르텐 지음 / 최상욱 옮김

서광사

죽음과 삶의 드라마로서 인간의 유한성

–신화 · 종교 · 문학 · 철학적 논의

라이너 마르텐 지음
최상욱 옮김

펴낸이 | 김신혁, 이숙
펴낸곳 | 도서출판 서광사
출판등록일 | 1977. 6. 30.
출판등록번호 | 제 406-2006-000010호

(10881) 경기도 파주시 회동길 77-12 (문발동)
대표전화 (031) 955-4331   팩시밀리 (031) 955-4336
E-mail : phil6161@chol.com
http : //www.seokwangsa.co.kr | http : //www.seokwangsa.kr

제1판 제1쇄 펴낸날 ― 2017년 8월 10일

ISBN 978-89-306-2328-5   93160

인간의 삶의 과정은 태어나고, 살아가고, 결국엔 죽는 것으로 이루어진다. 태어나기 전에 대해서 우리는 알지 못한다. 죽음 이후에 대해서도 알지 못한다. 우리는 태어남과 죽음이 필연적인 섭리에 의한 것이지, 우연에 의한 것인지 알지 못한다. 분명한 것은 우리는 알 수 없는 곳으로부터 와서, 알 수 없는 곳으로 떠나간다는 사실이다.

현재 지구 위에는 60억이 넘는 인간들이 살아간다. 엄청난 숫자이다. 그 중 일부는 새로 태어나고 일부는 죽어 사라진다. 구체적이고 개별적 인간의 죽음과 상관없이 류적 존재로서 인간은 존재한다. 그들은 지구가 제공하는 한정된 물질을 자신의 것으로 소유하기 위해 노동하고 경쟁하고 투쟁한다. 이 과정에서 크고 작은 소음들이 오가게 된다. 살아 있는 한, 인간을 포함한 모든 생명체는 소음을 생산한다. 이 소음들로 지구는 항상 시끄럽다. 그러나 소음과 같은 소리들은 생명체가 살아 있다는 증거이기도 하다.

반면에 우리의 시야를 우주를 향해 넓혀 본다면 무슨 일이 벌어질까? 지구는 태양계에 속해 있는 행성이지만, 지구를 제외하면 태양계의 별들 중 생명체가 존재하는 별은 발견되지 않았다. 태양계를 벗어나도 상황은 비슷할 것이다. 지구에서 경험하는 소음들과 달리, 거대한 우주는 무거운 침묵에 쌓여 있다. 소음이 생명의 특징이라면 침묵은 죽음의 특징이다. 지구에 거주하는 인간의 삶은 거대한 죽음에 의해 둘러싸여 있는 셈이다. 그곳엔 아무것도 존재하지 않는다. 그런데 이러한 끔찍한 죽음의 침묵이야말로 우주 전체 대부분을 차지하는 현상이다. 지구에서는 뜨거운 소음이 발산되지만, 우주 전체는 차디찬 침묵에 의해 얼어붙어 있는 것이다.

지구에서 발생하는 인간의 소음은, 엄밀히 말하면, 류적인 인간들의 소음이다. 왜냐하면 개별적인 인간은 죽음과 더불어 침묵의 세계로 돌아가기 때문이다. 생명의 소음으로 가득 찬 지구에서도 소음과 침묵은 서로 교차하고 있는 것이다. 개별적인 인간에게 소음은 짧고 침묵은 길다. 그에게 주어진 생명은 짧고 죽음은 길기 때문이다. 이러한 해석에 의하면 인간의 삶은 일종의 해프닝이고 백일몽에 불과하다. 이러한 삶은 "헛되고 헛되다. 헛되고 헛되다. 모든 것이 헛되다"라는 탄식으로 이어진다. 인간은 대단한 존재가 아니다. 이러한 점을 창세기는 "너는 흙에서 나왔으니 흙으로 돌아갈 것이다"라고 표현하고 있다.

인간에 대한 다양한 표현들이 있다. 직립보행자, 도구 사용자, 불 사용자, 언어적 동물, 생각하는 동물 등등. 이러한 표현들이 말하고자 하는 것은, 인간은 동물이지만 단순한 동물이 아니라는 점, 인간은 천사가 아니지만 천사를 추구하는 자라는 점이다. 단순한 동물은 대지적 존재로 머물러 있다. 천사는 하늘적 존재로 머물러 있다. 이런 차이에도 불구하고 동물이나 천사는 모두 자신의 존재와 합치하는 삶을 살아간다. 반면에 인간은 두 세계 사이에 놓여 있는 존재이다. 차라리 어느 하나의 세계에 완전히 속한다면, 인간에게는 갈등이 없었을 것이다. 그러나 인간은 대지가 끌어당기는 중력 때문에 가라앉는 몸을 추스르며, 하늘을 향해 눈을 돌리고 상승하기를 꿈꾸는 존재이다. 이것은 인간이 자연에 대한 예외적인 이단자임을 보여 준다. 그는 동물과 천사 사이에 존재하는 "사이-존재"이다. "사이-존재"로서 그는 두 존재의 경계선에 서 있는 자이다. 이것은 그가 자연의 둔탁한 기계론적 필연성으로부터 자유로워진 존재라는 것을 보여 주지만, 동시에 그의 자유는 진정으로 자유로운 존재가 될 수는 없는 자유라는 점도 보여 준다. 대지와 하늘이라는 두 세계를 볼 수 있는 것은 인간에게 주어진 특별한 혜택이지만, 동시에 그것은 두 세계 모두에 속할 수 없다는 아픔이기도 하다.

존재하는 한, 인간은 항상 불완전하고 결핍을 느끼는 존재이다. 이런 점을 위대한 교부 철학자는, 신의 품에 안기기 전까지 자신의 삶이 평안하지 못하다고 한탄하고 있는 것이다. 물론 인간도 자기 존재와 합치하는 평안의 상태에 도달할 수 있다. 그러나 그것은 죽음의 세계이다. 죽음은 무이다. 무의 세계에는 갈등이나 분열이 없다. 그곳은 모든 아픔으로부터 벗어난 세계, 즉 플라톤적인 이데아의 세계나 불교적인 니르바나의 세계와 같다. 그러나 그때 그는 인간이 아니다. 오히려 인간이 인간인 것은, 항상 방황하고 길을 잃을 수 있다는 점, 그럼에도 불구하고 자신의 길을 찾기 위해 노력한다는 점에 놓여 있다. 이런 인간의 상황을 괴테는 '인간은 노력(시도)하는 한, 방황한다'고 표현하고 있다. 이러한 인간의 존재 상태는 히기누스의 우화 220번에서 다음과 같이 묘사되고 있다: 쿠라(Cura) 여신이 강을 건너다 흙을 발견하고, 인간의 형태를 빚어낸다. 잠시 고민하다가 쿠라 여신은 그 '흙-인간'에게 영혼을 불어넣어 달라고 제우스신에게 부탁한다. 제우스가 승낙하고, 이제 '흙-인간'은 육체와 영혼을 지닌 인간이 된다. 쿠라 여신은 그에게 어떤 이름을 붙여 줄까 고민한다. 이때 제우스신은 영혼에 대하여, 대지의 신은 흙에 대한 소유권을 거론하며, 자신들의 이름을 붙여야 한다고 주장한다. 쉽게 결정이 나지 않자, 세 신은 시간의 신에게 판결을 부탁한다. 시간의 신의 판결은 다음과 같다: 제우스신은 영혼을, 대지의 신은 흙을 주었으니, '흙-인간'이 죽으면, 제우스신은 영혼을 대지의 신은 흙을 가져가는 대신, 흙-인간이 살아 있는 동안 '흙-인간'은 쿠라 여신의 것이다.

이렇게 하여, 영혼을 받은 흙(humus)은 인간(homo)이 되고, 살아 있는 동안 그에겐 쿠라라는 이름에 걸맞는 운명이 주어진 것이다. 독일 철학자 하이데거에 의하면 쿠라는 "염려"라는 의미를 갖는다.

흙으로부터 와서 흙으로 돌아간다는 창세기 신화에 덧붙여 이 이야기가 보여 주고 있는 것은, 그 흙이 '흙-인간'으로 살아가는 동안, 그를 지배하는 것은 염려라는 점이다. 어쩌면 인간의 삶은 염려의 연속이기도 하다. 무엇을 먹을까, 무엇을 입을까 염려해야 하고, 그것이 해결되면 어떤 것을 먹을까, 어떤 것을 입을까 염려해야 한다. 하늘을 나는 새와 달리 인간은 염려하며 살아간다. 심지어 하늘이 무너질까 염려하기도 한다. 이 염려는 삶의 염려, 실존의 염려에 그치지 않는다. 인간은 죽음에 대해서도 염려한다. "사느냐, 죽느냐"의 선택에 대한 염려가 아니라, 인간은 사는 것에 대하여, 그리고 죽는 것에 대하여 염려하는 존재이다. 이러한 염려는 인간을 불안하게, 두렵게 한다. 사는 것도 두렵고 죽는 것도 두렵다. 그러나 이러한 두려움을 궁극적으로 피할 수는 없다. 인간은 "유한한 존재"이기 때문이다. 그렇다고 주어진 삶을 무의미하게 허송세월할 수도 없다. 왜냐하면 인간은 모두 특별한 존재이며, 그들의 삶은 단 한 번 주어진 삶, "유일회적인 삶"이기 때문이다. 이제 인간은 이러한 불안으로부터 벗어나기를 시도한다. 그것은 삶의 염려, 죽음의 염려로부터 벗어나, 살 것인가? 죽을 것인가? 산다면 어떻게 살 것인가? 죽는다면 어떻게 죽을 것인가?를 선택하는 일이다.

이미 오래전부터 인간은 두려움과 무의미에도 불구하고 죽기보다는 살기를 선택했다. 인간으로 하여금 살아가도록 이끈 힘은 인간의 내부에서부터 솟아나오는 생명의 힘 자체이다. 생명 자체가 인간에게 살아갈 수 있는 용기, 살아가야 하는 용기를 제공했던 것이다. 이런 과정을 통해 인간은 자신에게 주어진 삶이 헛되고 무의미하고 부질없는 것에 불과하다고 하더라도, 그 삶을 자신만의 고유하고 소중한 삶으로 인정하고 살아가기 시작한다. 말하자면 인간은 자신에게 우연히 주어진 무의미한 삶을 이제 의미 있는 삶으로 바꿔나가기 시작한 것이다. 이렇게 인간은 우주의 거대한 침묵을 넘어, 무질서한 소음을 넘어, 아름다운 소리, 즉 "이야기"(Mythos)를 표현하기 시작한 것이다. 이러한 이야기가 신화이다. 이러한 신화에 의하면, 인간은 아름다운 별에 머물다가, 지구로 와서 삶을 살아가고, 다시 별로 돌아가는 존재이다. 이때 인간은 별과 같은 아름다운 존재이고, 그의 삶도 별처럼 아름답다. 이 별은 종교적으로 "낙원"이란 형태로 묘사되기도 한다. 이제 인간의 태어남과 삶, 죽음은 뭔가 대단하고 특별한 사건으로 해석된다. 그렇다면 차가운 침묵에 싸여 있는 두려운 우주는 어떻게 아름다운 별들의 세계로 변화되었을까?

냉혹한 우주에 고아처럼 던져진 인간. 인간은 태초부터 고아였다. 상상해 보면 이러한 장면처럼 숙연하고 안타까운 일이 있을까? 그러나 인간은 우울함과 무력함에 빠지지 않고 우주를 향해, 우주에 맞서 자신을 표현하기 시작했다. 상상해 보면 이러한 장면보다 더 위대한 일이 있을까?

낯선 우주에 맞서 인간이 맨 처음 한 일은 이름을 붙이는 것이었다. 창세기 안에는, 최초의 인간인 아담이 신이 창조한 모든 생명체들에게 이름을 붙여 주는 장면이 묘사되어 있다. 즉 최초의 인간이 모든 생명체에게 각각에 맞는 이름을 붙여 주었다는 것이다. 여기서 우리는 아담이 각각의 생명체의 이름을 어떻게 알았는지 고민할 필요는 없다. 단지 아담이 생명체들에게 이름을 부여하였다는 점이 중요하다. 그렇다면 아담은 왜 이름을 불렀을까? 창세기에 의하면 아담이 이름을 부르는 장면은, 아담이 혼자라서 "좋지 않다"는 신의 판단과 연결되어 있다. 아담이 이름을 부르기 전에도 모든 생명체들은 존재했지만, 창세기는 아담이 혼자였다고 묘사하고 있다. 다른 생명체들이 존재한다고 해도, 그것들은 아담과 아무 관계가 없었다는 의미이다. 그런데 신은 아담으로 하여금 생명체들의 이름을 부르도록 한 것이다. 그렇다면 이름이란 무엇인가?

어린 아이가 말을 하기 시작하면서 제일 많이 하는 질문은, "이게 뭐야?"이다. 이 질문은 "이것은 누구인가"라는 질문과 동일하다. 이 질문들은 알 수 없는 "그것"이라는 존재를 해명하고 싶은 욕망을 드러낸다. 이름이 없는 존재자 앞에서 인간은 멈칫하게 된다. 그것은, 비록 눈앞에 존재하더라도, 인간과는 무관한 것, 무와 같은 것이다. 왜냐하면 그것이 무엇인지 알 수 없기 때문이다. 이름이 없는 존재자는 마치 두꺼운 베일 속에 감춰진 존재자처럼 여겨진다. 알 수 없는 것은 낯섦을 넘어 두려움을 준다. 두려움으로부터 벗어나기 위해 가장 좋은 방법은, 그것을 자신이 이해할 수 있는 방식으로 표현하는 것이다. 이것이 이름이다. 이름을 통해 미지의 존재자들은 인간이 알 수 있는 존재자로 변한다. 이러한 방식으로 인간은 서로 상관없는 별들을 엮어 이름이 있는 별자리들로 불러왔다. 그러자 무질서하고 알 수 없던 밤하늘은 인간이 알고 있는 친숙한 이름들로 가득차게 된다. 그 밤하늘은 더 이상 위협적이지 않다. 이와 같이 이름은 어떠한 존재자를 인간적인 존재자로 바꿔 주며, 이름을 통해 인간은 그 존재자의 위협으로부터 안전해지고, 더 나아가 그 존재자를 지배하게 된다. 이름이 없는 것이 포착되지 않는다는 점은, 『오딧세이아』에도 묘사되고 있다. 오디세우스가 폴리펨으로부터 탈출할 때, 그에 의해 눈을 다친 폴리펨이 화가 나서 오디세우스에게 "너는 누구냐"라고 묻는 대목이 있다. 이름을 통해 폴리펨은 오디세우스를 사로잡으려고 한 것이다. 이러한 생각을 눈치챈 오디세우스는 자신을 우데이스(Udeis), 즉 '아무도 아닌 자', 말하자면 이름이 없는 자라고 대답한다. 그러자 폴리펨은 더 이상 오디세우스를 잡을 수 없게 된다. 그런데 탈출에 성공한 오디세우스는 자신이 더 이상 '이름이 없는 자'로 남아서는 안 된다고 생각한다. 왜냐하면 이름이 없는 자는 인간 세계, 궁극적으로는 고향과 가족으로부터도 소외되기 때문이다. 따라서 그는 탈출 직후 '나의 이름은 오디세우스다'라고 외치고 있는 것이다.

이와 같이 이름은 각각의 존재자를 바로 그 존재자로 드러내는 언어이며, 이름을 통해 각각의 존재자는 안전한 질서와 법칙의 세계로 들어오게 된다. 말하자면 이름은 말 중의 말로서, 우주적 질서를 창조해 내는 로고스인 것이다. 이렇게 이름을 통해 인간은 알 수 없는 것(Es)을 친밀하고 알 수 있는 것(Du)으로 만나게 되는 것이다. 이제 인간을 둘러싼 우주는 인간과 무관한 미지의 "그것의 세계"가 아니고, 인간적인 의미공동체 속에 있는 "너의 세계"로 바뀌게 된다. 시인의 표현대로 인간이 "그것"의 이름을 부르기 전에 "그것"은 단지 "그것"에 불과했지만, 이름을 불렀을 때, 그것은 "나의 그것", 즉 나의 의미로서 다가오는 것이다. 이제 우주는 의미로 가득 찬 알 수 있는 세계, 아름다운 세계가 된다. 이것은 인간과 사물 사이뿐 아니라, 인간과 인간, 인간과 신의 관계에도 적용된다. 이름을 부른다는 것은 서로 인사를 나누는 일이며, 서로를 이해하고, 호의와 환대로 대하겠다는 약속의 행위이다. 이름을 부르는 것은 위협적이고, 절망적인 현실 속에서도 안정과 희망을 기다리는 행위이다. 이러한 방식으로 우주와 인간세계는 카오스에서 코스코스로, 아노미에서 노모스의 세계로 바뀌게 된다. 동시에 이를 통해 인간의 현실 세계에 또 다른 세계가 나타나게 된다. 이 세계를 종교에서는 신적인 세계로, 철학에서는 이데아의 세계, 이념의 세계, 혹은 표상의 세계라고 불러 왔다. 이제 인간의 세계는 현실과, 또 다른 현실이라는 두 세계로 분리되게 된다. 이와 더불어 죽음도 현실적 죽음과, 이것을 넘어서는 또 다른 죽음이라는 방식으로 분리된다. 이제 인간은 두 종류의 삶과, 두 종류의 죽음 속에서 살아가게 된다. 따라서 우리는 "살아도 산 것이 아니다", 혹은 "죽었어도 죽은 것이 아니다"라고 말할 수 있는 것이다.

살아간다는 일은 쉬운 일이 아니다. 어쩌면 삶은 끊임없이 이어지는 염려의 연속이다. 그러나 죽는다는 일은 더 어렵고 두렵게 여겨진다. 그렇다고 죽음이 삶보다 항상 더 어려운 것도 아니다. 키에르케고르의 표현대로, 삶의 절망이 너무도 심할 때 죽음은 차라리 희망으로 보인다. 이때는 죽는 일이 더 쉬워 보일 수도 있다. 그러나 그렇게 간단하지는 않다. 왜냐하면 절망이 지나쳐 죽음이 희망으로 보인다면, 바로 그때 죽음이 유일한 희망이기 때문에, 그리고 희망 없이 산다는 것은 무시무시한 절망이기 때문에, 그때 인간은 죽을 수 없는 것이다. 그럼에도 불구하고 상식적으로 볼 때, 삶이 아무리 가혹해도 그것보다 더 두려운 것이 죽음이라는 사실은 부정할 수 없어 보인다.

인간의 삶은 유한하다. 죽을 수밖에 없는 것이다. 인간은 그 누구라도 언젠가는 죽음을 맞이할 수밖에 없다. 이런 점에서 죽음은 냉혹하지만 공평한 재판관이다. 이런 모습을 우리는 고야의 그림 "자기 자식을 잡아먹는 사투르누스"에서 볼 수 있다. 사투르누스는 그 누구보다 먼저 태어난 존재이지만, 그 이후에 태어난 모든 생명체들을 잡아먹는다. 아무리 늦게 태어난 젊은 자도 가장 늙은 죽음의 신 사투르누스에 의해 삼켜진다. 이러한 죽음을 사도 바울은 인간의 존재 속에 깊이 숨은 채 삶을 위협하고 찔러대는 가시에 비유한다. 그런데 죽음이 모든 것을 삼켜 버리고 모든 것을 찔러 대는 가시라고 하더라도, 그래서 누구나 죽는다고 하더라도, 그 사실이 "나의 죽음"을 위로해 주지는 않는다. 죽음은 나에게 가해지는 가장 가혹한 폭력성이며, 나의 종말이고 단절이고 궁극적인 이별이다. 그렇다면 우리는 죽음 앞에서 어떤 태도를 취해야 할까?

인간은 항상 삶과 죽음의 상관관계 속에서 살아간다. 죽음의 그림자는 아주 이른 시기부터 생명에 드리워 있다. 살아 있는 인간에게 생명 자체란 상태는 없다. 생명 자체는 오직 신에게 속하는 속성이기 때문이다. 동시에 죽음 자체란 상태도 없다. 그는 살아 있기 때문이다. 살아 있는 인간이라는 표현 안에는, 인간이 죽어 가면서 살아간다는 역설, 살아가면서 죽어 간다는 역설이 포함되어 있다. 인간이 살아가면서 불안해 하는 이유는, 삶이 그를 불안하게 하기도 하지만, 삶의 불안은 궁극적으로 죽음의 불안과 연결되어 있기 때문이다. 하이데거의 표현에 의하면, 인간 실존의 불안은 인간이 "죽음에의 존재"라는 사실과 맞닿

아 있다. 인간에게 삶과 죽음은 '삶이 끝났을 때, 죽음이 시작된다'는 식의 선후적인 관계가 아니다. 오히려 삶과 죽음은 동시적이다. 단지 어느 때 어느 것이 더 우월한지 차이는 있을 수 있지만, 삶과 죽음은 인간이라는 존재를 구성하는 두 요소이다. 그럼에도 불구하고 죽음이 더 두려운 사건이라고 한다면 우리는 죽음을 어떻게 받아들여야 할까?

위에서 언급한 죽음의 신 사투르누스의 경우, 그의 죽음의 위력은 제우스에 의해 극복된다. 제우스는 사투르누스보다 나중에 태어났지만, 그에 의해 삼켜지지 않는다. 제우스는 죽지 않았다. 제우스를 죽지 않게 한 것은 바로 그의 꾀, 즉 이성 때문이다. 죽음이라는 사투르누스의 자연의 힘을 제우스는 신적 이성을 통해 이겨 낸 것이다. 이성을 통한 죽음에의 승리라는 신화는 소크라테스에 이르러, 죽음은 이성 자체의 세계로 향하기 위한 작은 사건이라는 식으로 묘사된다. 다른 한편 바울은 예수 그리스도의 부활을 통해 죽음의 찌르는 가시가 극복되었다고 선포하고 있다. 그는 "죽음아, 너의 찌르는 가시가 어디에 있는가?"라고 말하고 있다. 이것은 전율에 찬 감격의 표현이다. 바울에 의하면, 신의 죽음과 죽음으로부터의 부활은 생명이 죽음을 이기는 순간이다. 그런데 이러한 사실은 믿음을 통해 확인될 수 있다는 것이다. 그럼에도 불구하고 이러한 주장들을 통해 죽음에 대한 나의 구체적인 두려움은 해결되지 않는다. 왜냐하면 이러한 주장들을 나는 "이론적으로 이해"하거나, 추상적으로 "믿을 수" 있지만, 그것들은 아직 죽음에 대한 나의 실존적 경험이나 태도로 이어지지 않기 때문이다.

여기서 우리는 종교나 철학에 대하여, 말하자면 학문이 무엇인지, 학문과 나는 어떤 관계가 있는지 질문하게 된다. 이 질문은 역자가 이 책을 번역하려고 했던 이유와 이어진다.

역자는 2016년 8월 초 프라이부르크를 방문할 기회가 있었다. 마침

생신을 맞아 프라이부르크 인근 산장에 머물고 계시던 라이너 마르텐 교수님과 그의 아내 헬가 마르텐을 만났다. 그 자리에는 역자와 아내 박상미, 프라이부르크 철학박사 하르트무트 베스터만, 그의 아내 김희주 프라이부르크 대학교 독문과 교수가 함께했다. 마르텐 교수님은 아직도 건강해 보였다. 우리는 함께 식사와 와인을 하면서 여러 이야기를 나누었다. 그러던 중 마르텐 교수께서 '한국인이 누구인지' 물으셨다. 역자는 중국인, 일본인과 달리 한국인의 특징은 homo poetica(시문학적 인간)[1]라고 대답하였다. 이 말을 들으신 마르텐 교수께서는 잠시 자리를 비우셨다. 잠시 후 그는 책 한 권을 들고 나타나셨다. 그 책이 바로 이 책이다. 제목은 "삶과 죽음의 드라마로서 (인간의) 유한성"이다. 이 책에서는 유한하고 유일회적인 삶을 살아가는 인간, 결국엔 죽음과 마주하는 인간에 대한 신화적, 종교적, 철학적, 신학적, 문학적인 논의들이 다뤄지고 있다. 이 책에서 마르텐 교수께서 말하고자 하는 것은 학문적 정보나, 그것의 진리 여부가 아니다. 오히려 렛싱의 반지 설화를 통해 마르텐 교수께서는, 어떠한 학문의 진리성은 그것이 진리라고 스스로 강변하는 데 있는 것이 아니라, 실존적, 실천적 경험을 통해 타

---

1 한국인이 누구인지에 대하여 우리는 좀 더 근원적으로 질문해야 할 것 같다. 흔히 한국인의 특성을 "흥"과 "한"이라고 하지만, 이러한 규정은 매우 협소하고 소극적이고 부정적인 측면이 강하다. 오히려 역자는 그러한 흥과 한의 근원이 무엇인지 물어야 한다고 생각하며, 한국인의 존재의 근원을 homo poetica라고 규정하려고 한다. 시문학적 인간에게는 음악적인 리듬과 가락, 이것에 실린 말과 사상들, 이것에 상응하는 몸의 율동이 들어 있다. 즉 시문학 안에는 음악, 철학적 사상, 몸에 대한 긍정이 들어 있다. 따라서 한국인에게 춤과 디오니소스적 열광이, 그리고 동시에 체념적인 화병과 한이 나타난다면, 그것은 한국인의 본질이 homo poetica이기 때문이다. 다만 흥과 한은 homo poetica의 비본래적인 모습, 혹은 homo poetica에 대한 사회학적, 역사철학적인 해석에 불과하다고 볼 수 있다. 이제 우리가 할 일은 흥과 한이라는 퇴락된 현상 배후에 놓여 있는 근원, 역사를 통해 망각되고 은폐되어 있던 한국인의 존재의 근원과 본질이 무엇인지 찾는 일일 것이다.

자에 의해 진리로 받아들여질 때 비로소 입증된다고 강조한다. 동시에 그는 학문의 진리성이, 렛싱의 주장과 같이 계몽주의적 이성에 의해 한정되어서도 안 된다고 말하고 있다. 왜냐하면 모든 것이 이성에 의해 한정되고 삶과 죽음의 신비가 사라질 때, 인간의 세계는 너무 왜소해지기 때문이다. 말하자면 삶과 죽음의 진리는 독단적인 주장에 있는 것도 아니고, 모든 것을 아는 듯이 으스대는 이성의 한계에 가두는 데 있는 것도 아니다. 오히려 모든 학문들이 주장하는 것을 이해하려면, 학문이 말하는 내용을 축자적으로 이해하기보다, 오히려 학문이 지시하는 것이 무엇인지 볼 수 있어야 한다. 왜냐하면 모든 학문은 진리 자체가 아니라, 진리를 지시하기 위한 "시문학"(Poesie)이기 때문이다. 이런 의미에서 마르텐 교수님은 신화, 종교, 철학, 신학, 문학작품을 모두 인간의 삶과 죽음의 신비를 지시하기 위한 시문학으로 규정한다. 그리고 시문학은 그 자체로 다양한 해석이 가능한 열린 개방적 글쓰기 방식이기에, 독자도 이러한 태도를 갖고 시문학을 대하기를 기대하고 있다.

마르텐 교수께서는 역자가 한국인을 homo poetica라고 표현할 때, 그러한 해석이 당신의 관심과 동일하다고 느끼셨던 것 같다. 그래서 역자는 이 책을 만나게 되었다. 이 책은 마르텐 교수께서 87세 되던 해에 발간되었다. 우리가 만난 2016년 그는 90세였다. 87세 되던 해 마르텐 교수께서는 학문적 정보를 제공하기 위해서가 아니라, 아마도 죽음과 가까워진 시기에 삶과 죽음에 대한 학문적 이야기들이 자신과 무슨 상관이 있는지, 그리고 그러한 학문의 내용이 자신들의 죽음 앞에서 어떻게 구체적, 실존적으로 받아들여져야 할지에 대하여 질문하면서, 그의 가장 가까운 삶의 동반자이자 독자인 부인 헬가 마르텐에게 '삶과 죽음은 모두 아름다운 시문학이었다' 고 말하고 있는 것처럼 보인다.

죽음을 극복하기 위한 신화적 표현들, 종교적, 신학적 약속, 문학적 꿈들. 이 모든 것은 삶과 죽음에 대한 인간의 경험과 소망이 함축된 시 문학이다. 더 이상 종교적인 구원의 확신이 있든, 없든, 혹은 그러한 구원의 세계가 존재하든, 존재하지 않든, 그러한 것은 더 이상 중요하지 않다. 왜냐하면 인간은, 신이 존재한다고 하더라도, 신이 없는 것처럼, 말하자면 인간으로서 진지하게 살아야 하기 때문이다. 인간의 한계를 넘어서는 수수께끼와 신비는 신에게 맡기고, 아직 살아 있는 동안 우리는 "신과 함께" "신이 없는 것처럼" 살아가야 한다. 이러한 태도를 마르텐은 "시문학적"이라고 부르고 있다. 그리고 삶과 죽음이 아름다운 시문학이라고 한다면, 죽음이 다가올 때, 우리는 죽음도 시문학적으로 마주할 수 있을 것이다. 왜냐하면 시문학적으로 죽음은 삶의 또 다른 경험이기 때문이다. 시문학적으로 볼 때, 삶과 죽음은 존재의 양면일 뿐이다.

인간의 삶은 죽음을 통해 끝나는 것처럼 보인다. 인간은 결국 죽음에 의해 삼켜지는 것처럼 보인다. 죽음이 항상 승리하는 것처럼 보인다. 그러나 모든 인간은, 그가 아무리 죽음을 두려워하는 겁쟁이라도, 스스로 죽음을 경험하면서 죽어 간다. 비록 의식이 사라지고, 언어가 사라지더라도, 그는 스스로 죽음과 맞닥뜨려 죽음과 씨름을 벌이는 것이다. 그는 죽음에 의해 죽어 가지만, 그는 죽어 가는 자신을 통해 죽음을 경험하고 있는 것이다. 이때 그는 죽음의 신 사투르누스보다 결코 약하지 않다. 그것은 무의미의 세계로의 전락을 뜻하지 않는다. 왜냐하면 죽어 가는 인간은 자신이 시문학적 의미의 세계에서 살았고, 이제 죽음이 드러내는 무의미도 하나의 의미였다는 것을 알면서 죽어 가기 때문이다. 아마도 이러한 죽음을 니체나 하이데거는 "좋은 죽음"이라고 불렀을 것이다.

　마르텐 교수는 이 책을 통해, 죽음 앞에서 학문은 추상적, 사변적 이론이 아니라는 것, 학문은 이제 죽음을 마주하는 인간 자신의 "태도"가 되어야 한다는 것, 그 태도 외에 또 다른 진리는 존재하지 않기에, 그 태도에 대하여 더 이상 불안해하지 말고 담담히 주어진 길을 걸어가야 한다는 점에 대하여 말하고 있다. 마르텐 교수님의 말하는 태도는 아우렐리우스와 유사해 보인다. 그것은 다음과 같다:

　"그 연극(삶)이 완결되는 지점은 전에 당신의 출생을 관장했고, 오늘 당신의 분해를 관장하는 자가 결정하는 것이다. 태어나고 죽는 결정은 어느 것도 당신의 소관이 아니다. 그러니 웃는 낯으로 떠나라".(명상록)

　*이 책은 Karl Alber 출판사에서 발행한 Rainer Marten의 *Endlichkeit: Zum Drama von Tod und Leben*을 완역한 것이다.

2017년 6월 보통리 벚꽃마을에서

최상욱

처음부터 인간에 대한 신화들은 인간이 자기 자신에 만족하지 못하며, 지금의 자신의 모습으로 진화된 것에 만족하지 못하고, 그가 살아가야 할 삶에 만족하지 못한다는 사실을 보여 주고 있다. 그 신화들은 이야 기를 통해 제시하고 싶은 인간의 형상을 창작했다. 그 신화들이 근원적 으로 보여 주고자 한 것은, 인간의 현재 모습이 어떠한지에 대한 것이 결코 아니며, 더 나아가 그가 과거에는 전적으로 다른 존재였다는 것도 아니다. 그런데 신화와 같은 시문학이 인간을 자신으로부터 소외된 존 재로 파악하였다면, 즉 어느 때, 어느 곳에서도 대지 위에서 살아가는 인간의 실제 모습과, 시문학적으로 기획된 모습 사이에는 차이점이 있 다는 사실을 알아챘다면, 이미 시문학은 그러한 차이의 책임이 누구 때 문인지, 혹은 무엇 때문인지 질문하기 시작한 것이다.

어떤 것에 부딪쳐 아파하는 아이가 그 책임을 자신의 미숙함 때문이 아니라, 그를 아프게 한 어떤 것 때문이라고 여긴다면, 그것은 시문학 이 아니다. 오히려 그것은 그가 성장하면서 파악하게 된 실재적 의미를 드러낼 뿐이다. 반면에 인간의 '자기 경시' 라는 특징을 이야기로 전달하는 시문학은, 우리 자신인 인간과, 우리와 같은 존재와 삶을 경시하는 '인간 형상' 사이에 놓여 있는 심연의 원인이 무엇인지를 규정할 때, 실재적 의미에 의존하지는 않는다. 시문학이 종교적인 근거율을 다룰 때, 일반적으로 그것은 신적인 권력과 힘들을 끌어들인다. 신적인 권력과 힘들을 통해 우리와 같은 인간은, 우리의 불행과는 전혀 닮지 않은 인간 형상으로부터 분리된다. 실제로 인간에 대한 신화에서, 신들은 인간이 자신들과 완전히 같아지는 것을 즐거워하지 않는다. 그때 신들은 불멸성을 자신들만의 것이라고 과시할 뿐 아니라, 인간의 존재와 삶을 죽을 수밖에 없는 것이라고 마음대로 정하고 있는 것이다.

　이러한 방식을 통해 인류에 대한 시는 이제 시문학적인 이야기가 된다. 인간이 신이 아니라는 시문학적인 근거율이 말하려는 것은 정적인 신-인간의 관계가 아니라, 그 관계의 역동성에 대한 것이다. 신과 인간의 본질의 차이는 선사시대부터 고착된 불변적인 것이 아니라, 이야기를 통해 형성된 것이다. 시로 지어진 신들이나, 믿음의 대상이 된 신들이 살아남은 이유는, '그들은 인간이 아니라는'(그들은 신이라는) 점에 있기보다, 오히려 시를 짓고 믿음을 갖기 시작한 인간이 자신을 시문학적으로 표현하는 과정에서, 자신이 신과 같지 않다는 이상한 느낌과 고통을 경험한 점에 있는 것이다. 따라서 인간의 이야기가 신들이 아니라 인간 자신에 의해 진행되었다는 점은 놀라운 일이 아니다. 신화들이 보고하는 것과 같이, 신과 인간의 본질의 차이는 결국 인간에 의해 형성되어진 것이다. 이렇게 인간은 죄책존재가 된 것이다. 즉 인간은 죄를 진 존재라는 것이다. 어쨌든 그것은 신화적인 자기 해석의 과정에서 더 확실해진 시문학적인 선택의 결과인 것이다. 그리고 설화적인《이야기》는 인간이 스스로 사건에 참여함으로써 그 중요성을 얻게 된다.

인간이 《지금의》 자신과, 자신의 삶에 만족하지 못한다는 사실의 핵심은 결코 사회적 불만에 있는 것이 아니다. 오히려 핵심은 그가 삶 자체에서 느낀 불만에 있다. 인간이 자신의 역사 이전의 '그때' 와, 자신의 종말을 알리는 '그때' 를 생각한다면, 그는 지금의 시간 안에서 근원적인 그때와, 종말론적인 그때를 애타게 그리워하고 있는 것이다. 그런데 시문학은 그것을 준비하는 것이며, 이를 통해 인간은 다행스럽게도 근원적인 그때를 새롭게 얻을 수 있는 문과 입구, 통로를 발견하게 된다. 즉 자신의 이야기 속에서 스스로 죄책존재가 된 인간은, 이제 자신의 죄가 속죄되도록 조정한다. 이렇게 시문학적으로 진행된 인간의 자기소외와 죄책존재라는 이야기는 그로 하여금 자신의 《지금》을 넘어서게 한다. 즉 이야기 속 인간은 자기 자신으로부터 구원받거나, 혹은 구원받지 못하게 된다. 말하자면 그는 자신의 삶의 유한성과 가사성으로부터 구원받거나, 혹은 구원받지 못하게 되는 것이다. 그런데 이 이야기는, 탄생과 사랑, 죽음을 경험하고, 이 모든 것을 긍정하는 생명에 대한 것은 아직 말하지 않고 있다.

그런데 자기 자신의 《지금》의 삶에 만족하지 못하는 인간은, 단지 '결코 죽지 않는 생명' 만이 자기 자신을 만족시킬 수 있다는 확신으로부터 힘을 얻게 된다. 그리고 이러한 평안함에 이르기까지 생명과 죽음의 드라마는 끝나지 않는다. 즉 자신의 삶에 만족하지 못하는 인간은 자신의 유한성을 새롭게 상연하는 인간의 이야기를 결코 끝낼 수 없는 것이다.

1장

판도라

I

제우스가 앙심을 품었다.[1] 헤시오드의 시에서는 이 표현과 함께 인간에 대한 이야기가 시작된다. 그리스 신들 중 가장 힘센 신, 그리스 민족과 함께 북쪽으로부터 알프스를 넘어 그리스에 도달한 유일한 신,[2] 그가 화가 났다. 왜냐하면 인간들 사이에서 불을 보았기 때문이다. 프로메테 우스는 제우스가 천명한 의지를 거역하고, 더 나아가 교활한 방법으로 그 불을 사용하는 방법을 인간에게 가르쳐 주었던 것이다.

그런데 인간이 제우스, 즉 신의 의지를 거역해 불을 사용했다는 이유 때문에, 교활함에는 교활함으로 대하는 식으로, 인간에게 사악함,[3] 비

1 　헤시오드, 『신통기』 568: 일과 나날들 47
2 　기원전 2000년 경 이주할 때 제우스는 이미 아버지로 숭배되었다. 이것은 유일신 론적인 표상이 제우스와 연결되어 있다는 근거가 된다. 참조. 에리카 시몬, 『그리스의 신들』, 새로 편집된 4판, 뮌헨 1998, 16쪽 이하
3 　헤시오드, 『신통기』 570

참함, 비통함[4]을 내리는 것, 바로 그것이 인간에게 불을 허락하지 않으려는 신의 방식이란 말인가? 그렇다. 바로 그것이 신적인 방식이다. 신적인 최고 권력자는 무력한 자들이 신을 거역하고, 자신들의 존재와 삶에 우쭐거리고 만족하는 것을 참지 않는다. 이 권력자는 자신과 확실히 다른 인간으로 하여금, 인간 자신의 힘이 부족하다는 사실을 분명하고 명백하게 느끼도록 한다. 그런데 이것은 신-인간-관계에 대한 심리학적 방식이 아니라, 그것의 시문학적 방식에 근거한 것이다. 이러한 시문학은, 인간을 가능한 한 최대로 평가절하하면서, 동시에 인간을 가능한 한 최대로 평가절상하는 곳에서 정점에 도달한다. 자신에 만족하지 못하는 이유를 인간이 자신이 아닌 다른 힘에서 찾는 것은, 해석학적으로 특별한 경우가 아닐 수도 있다. 그러나 인간이 처해 있는 모든 상태에 대한 책임이 신들에게 있다는 식으로 시를 짓게 될 때, 그것은 해석의 초점, 즉 인간의 "자기"라는 초점을 놓치게 된다.

제우스가 앙심을 품었다. 그는 불화를 보낸다. 그런데 불을 가져다 준 거인의 잘못된 행위가 인간이 꾸미고, 예상하고 실행한 일이 아니라면, 그것이 과거나 현재의 인간에게 무슨 도움이 된다는 말인가? 그런데 바로 이런 점을 보여 주고 있는 것이 고급 시문학이다: 시문학이 말하고자 하는 것은, 본질적으로 인간 자신이 이룩한 모든 성취에 대하여 전적으로 책임을 져야 하는 자는 바로 인간 자신이라는 점이다. 자신에게 피할 수 없이 다가오는 《운명》에 대하여 시를 짓는 경우, 그것은 정확히 그가 자기 자신을 평가하고 있는 것이다. 이때 거인의 모습은 자기 자신의 모습이며, 그의 행동에 대한 보복은 바로 인간 자신에 대한 신들의 평가인 것이다. 즉 신화가 보여 주고 있는 것은, 바로 인간 자신

---

4 헤시오드, 『일과 나날들』 49

의 자기 해명인 것이다. 이것은 초월을 요구하는 인간의 자기 해석의
특징이다.

II

인간은 자신의 실존의 "어떻게"에 대하여 책임이 있다. 이것은 신화와
종교적 시문학이 인간 자신에게 믿을 만한 근거를 제공하기 위해 끌어
들인 가장 예리한 사상이다. 스스로에게(스스로의 죄에 대한) 책임이
있다는 것 ─ 신들에 대한 시에서 이것보다 더 근원적인 것은 없다. 왜
냐하면 인간보다 더 부끄럽고, 의무를 수행해야 할 존재는 없기 때문이
다. 따라서 이야기 속 인간은, 그때마다의 현재 속에서 자신을 진화의
산물이나, 더 나아가 문화의 산물로 파악할 수 있는 권리, 혹은 가능성
을 빼앗기게 된다. 인간이 자신에게 주어진 중요한 삶의 상황에서, 어
떻게 살아야 죄가 없는지에 대하여 시를 지은 것은 우연한 일이 아니
다. 오히려 그것은 신화의 방식으로 해명하고 있는 '근원적-시문학'에
서부터 유래한 것이다. "신과 인간의 분리"라는 표현이 설화적인 이야
기로서 서사시에 속하든, 혹은 실존적으로 경험되고 마음 깊은 곳에서
우러난 믿음이라는 종교적인 서술 방식에 속하든, 우리는 "신과 인간
의 분리"라는 표현에서 '스스로를 아는 인간의 자기동일성'이라는 의
미를 너무 과장해서 안 된다. 왜냐하면 인간은 이미 불사성과 가사성의
차이, 전능함과 무력함의 차이 안에 휩싸인 채, 자신이 어떻게 살아가
야 하는지, 그에게 삶이 어떤 의도를 갖고 있는지, 그러한 것에 대해 자
신이 전적으로 책임을 져야 한다는 감정, 혹은 실제적인 확신에 지배당
한 채 살아가고 있기 때문이다.

신들과 인간이 분리(scheiden)되자마자, 그들은 서로의 우열을 가르기(messen) 시작한다. 그리스어에서 그것은 동일한 단어 krinein이다.[5] 헤시오드가 신들과 인간 사이의 경쟁에서 인간의 《좋은 투쟁》,[6] 즉 열매를 맺을 수 있는 투쟁을 보았다 하더라도, 그들 사이의 경쟁은 결코 좋은 것으로 귀결되지는 않는다. 왜냐하면 신과 신들은 무한히 인간을 능가하는 존재이며, 인간의 무력함을 확인시키는 것이 신들에게는 좋은 일이기 때문이다. 단지 인간이 신들과 대결에서 우열을 가를 수 있는 기회는, 그가 속임수에 성공할 때뿐이다. 그럼에도 제우스는 그 속임수를 꿰뚫어 본다. 신이 아닌 프로메테우스가 최고의 신과 우열을 가르려할 때 볼 수 있듯이, 이제 무력한 인간에게는 단지 속임수만 남아 있게 된다. 따라서 신과 인간 사이에는 근원적으로 갈등이 존재할 수밖에 없는 것이다: 신을 모독한 자에게는 벌, 그것도 악(kakon)을 통한 벌이 내려지게 된다.

인간이 신들로부터 분리되었다는 신화적 자기 해석은, 하나의 예술작품으로서 자신의 고유한 법칙성을 완성한다. 인간의 힘을 무한히 능가하는 불사적인 존재에 대하여 시를 짓는 일은 시문학적인 자기 해석에 있어 우연한 일이 아니다. 시간과 영원, 무력함과 힘의 차이로 확정된 인간과 신 사이의 관계와 더불어, 인간의 문화는 하나의 드라마 속으로 들어가게 된다. 그런데 그 드라마의 자유의 공간은 제한된 것이다. 그 드라마 안에서 인간과 신들이 상연될 때, 그들 사이에 조건적인 관계가 존재하는 것은 피할 수 없다. 따라서 제우스는 앙심을 품는 것이다. 그러나 신과 신들은 앙심을 품어서는 안 된다. 그럼에도 불구하

---

5   헤시오드, 『신통기』 535
6   헤시오드, 『일과 나날들』 24. 참조. 아이스킬로스, 『에우메니데』 975

고 이런 표현을 통해, 인간과 신들 사이의 관계가 정서적인 관계라는 사실이 자연스럽게 입증된다. 이것은 생동적인 드라마 문학에서 매우 친숙하게 볼 수 있는 특징이다. 제우스는 속임수에는 속임수로 보복한다. 그러나 신과 신들은 스스로를 기만해서는 안 된다. 따라서 인간과 신의 관계는 필연적으로, 정의와 정당성이라는 측면에서 볼 때, 갈등을 내포한 관계라는 점이 입증된다.

신과 인간의 분리와 더불어 시작되는 시문학은 이 세계 안으로 근원적인 죄를 끌어들인다. 그것은 도발적으로 묘사된다. 신적인 존재에 대한 신화적, 종교적인 시들은 죄의 원인을 인간의 근원적인 죄책성에서 찾는다. 그런데 그의 죄책성은 — 이것이 이러한 시문학이 갖는 가장 비밀스러운 최고의 업적이기도 하다 — 인간이 자신 안에서 찾아낸 죄책성과 다름없다. 이 모든 것은 인간의 죄책성은 그의 삶의 〈어떻게〉에 놓여 있다는 것을 말한다. 신과 인간에 대한 시문학적인 구분이 그 근거를 가지려면, 그것은 인간에게 유죄를 판결하는 일을 통해 가능하다. 따라서 인간이 시문학적으로 자신을 해석하는 일은, 자신에게 유죄를 판결하는 일로부터 시작된다.

III

인간에게는 신적인 간계를 피할 수 있는 수단(amechanon)[7]이 없다. 무엇과도 비교할 수 없는 여성의 아름다움을 인간은 기적과 같은 일이

---

7 헤시오드, 『신통기』 589, 『일과 나날들』 83

라고 찬미한다.[8] 여성의 감각적이고, 정신적인 매혹, 기적과 같이 압도
적인 매혹을 벗어날 수 있는 자는 아무도 없다. 가장 아름다운 여성 주
변에 거주하는 모든 자들은(pantes mnoonto) 청혼하기 위해 모여든
다.[9] 아름다움이라는 기적에 저항할 수 있는 수단은 없다. 제우스는 이
기적을 충분히 악의적으로 이용한다. 그것은 에피메테우스를 통해 모
든 인간으로 하여금, 아무도 예외 없이, 사악함 속에 빠져들게 하는 일
이다. 이 일을 성공하기 위해 제우스가 요구한 것은,《그 기적을 보는
일》(thauma idesthai)[10]이었다. 그런데 그가 보여 주려던 탁월한 아름
다움은 하나의 간계이자, 사악함이다. 비록 그것이 아름다운 악(kalon
kakon)일지라도.[11]

　여기서 지배적인 갈등 중 하나는 인간이 미혹될 때, 그는 스스로 죄
인이 되지만 신이 미혹될 때, 그는 정당한 벌을 수행한다는 점이다. 이
것은 근원적으로 신과 인간의 구분에 근거한 법칙, 그리고 이를 따르는
드라마에 속한다. 이때 신은 항상 정당한 이득을 보고 있으며, 인간은
항상 — 정당하지만 — 헛수고에 그치는 것이다. 신은 항상 옳고[12], 인
간은 항상 옳지 않다. 신의 정서는 항상 도덕적이지만, 인간의 정서는
항상 도덕적으로 나쁜 것이다. 이렇게《이중적인》도덕은 삶의 역사가

8　『오디세이아』 11, 287
9　『오디세이아』 11, 288
10　헤시오드, 『신통기』 575, 581
11　헤시오드, 『신통기』 585
12　욥은 신이 옳지 않다는 사실, 이런 점을 근본적으로 이해할 수 없다는 사실을 놀라
울 정도로 명료하게 인간적인 정의 개념과 신의 경건함 사이에서 묘사하고 있다:《눈물
을 흘리며 나의 눈이 신을 바라본다. 인간이 그의 친구를 정당하게 대하듯이, 인간이
신을 정당하게 대한다면, 그것은 옳은 일이다》(욥기, 16장 20절 이하). 믿음의 대상인
신이라는 관점에서 볼 때, 유일하게《정당한 것》은, 인간이 신에게 무조건적으로 복종
하는 일이다.

아니라, 절대적으로 시문학적인 배경에 근거한 것이다. 그것은 순수하게 신과 인간의 분리라는 시문학의 결과이다.

시문학적인 결론에서 볼 수 있듯이, 신과 인간의 구분을 완성하기 위해 신이 인간에게 악을 행하기 원한다고 주장한다면, 그것은 인간의 실존의《어떻게》와 연결된 것이다. 이 구분은 바로 법적, 도덕적인 갈등 자체에 기인한다. 고대 문화에서 흔하듯이, 인간과 남성을 동일(aner＝anthropos)하게 보는 것이 인간에 대한 이야기의 출발점이라면, 첫 번째로 언급될 수 있는 악은 단지 여성일 수밖에 없다. 그럼에도 남성이 여성을 바라볼 때, 그녀의 아름다움은 무시되지 않는다. 이러한 방식으로 아름다운 악, 즉 모든 신들의 선물인 판도라가 창조된다. 그녀는 신에 의해 결정된 악을 자신 안에 간직하고, 그것을 다른 인간에게 전달한다. 남성들 사이에서 생산력이 있는 여성은 최고의 악과 불행(pema)을[13] 행할 수 있는 자가 된다.

이것은 여성에 대한 사회적, 현실적인 경멸을 반영할 수도 있다. 그러나 그것은 남성과 인간은 신이 아니라고 명시한 시문학에 근거한다. 더 나아가 시문학은 인간이 보존하고 재생산하기 위해 꼭 필요한 삶 자체를 악으로 규정하기에 이른다. 이 신화에 따르면 인간은 길을 잘못 들었으며, 그 때문에 벌을 받고 있다. 그 벌은, 인간이 자신의 존재대로 존재하며, 자신의 삶대로 살아갈 수밖에 없다는 의미이다. 이렇게 잘못든 길과 벌, 그리고 죄로부터 인간은 벗어날 수 없다. 왜냐하면 인간은 그의 존재대로 존재할 수밖에 없기 때문이다. 그런데 바로 그것이 시문학이 목표로 하는 것이다.

---

13   헤시오드, 『신통기』 590-592

IV

형벌로서 여성, 죄책존재로서 남성. 이러한 일에 대한 책임은 여성이 남성을 고소했다는 사실에 있다. 그런데 가장 놀랍고 경악스러운 것으로 가득 찬, 남성과 인간의 자기 해석으로서 시문학은 얼마나 노회한 것인가? 우롱하고 속이는 자로서 여성의 아름다움은 신들이 가장 정교하게 만든 속임수, 즉 남성과 인간이 그의 삶의 《어떻게》에서, 특히 여성과의 삶의 관계 속에서 받아들일 수밖에 없는 속임수를 뜻한다.

　남성이 삶을 살아가면서 겪는 근본적인 악과 딜레마에 대한 책임은 남성 자신에게 있기도 하다. 그는 그러한 악을 자신의 부인과 공유하든가, 혹은 노년에 부인의 도움 없이 그럭저럭 살아가고, 죽음에 이르렀을 때 먼 친척들이 그의 재산을 나누어 갖도록 하든가[14] 할 수 있다. 그런데 더 나아가 이러한 딜레마는 신-인간-분리라는 시문학에서 다음과 같이 묘사되고 있다: 남성-인간이 사악한 여성과 관계를 맺으면서, 그는 노년의 문제와 치명적인 죽음의 문제를 갖게 되었고, 그 책임은 그 자신에게 있다는 것이다. 이 시문학이 말하려는 것이, 남성은 성별과, 노년, 죽음이 없는 존재로서 좋은 시간을 가질 수도 있었다는 점이라고 한다면, 그것은 단지 어리석고 무의미하며 불합리한 오락거리에 불과할 것이다. 오히려 이 신화가 말하고자 하는 것은, 인간의 죄책은 그가 만족하지 못하고 있는 그의 실존과 삶에서 기인한 것이라는 점이

14　혜시오드, 『신통기』 591-607. 반면에 구약성서에는, 남성의 시각에서, 여성이 《죽음보다 더 쓴》(전도서 7. 27) 존재로 묘사되고 있다. 이 표현은 마녀사냥 때 흔히 사용하던 말이다. 이때 여성은 매력이나 아름다움에 있어서 《무》(루터의 해석에 따르면)에 불과하며(잠언 31장 30절), 남성으로 하여금 간통하게 만드는 자에 불과할 뿐, 한 가정에서 칭송받는 성실한 안주인은 아니다.(잠언 31장 10-29절)

다. Mea culpa, mea culpa(내 탓이다) ─ 이것이 판도라 신화 안에서 묘사되고 있는 인간의 비참한 모습이다. 그것은 신화적인 재능을 갖춘 인간이 도덕적인 자기 비하를 통해 묘사한 인간의 비참한 모습이기도 하다.

제우스가 앙심을 품었고, 이를 통해 인간은 그의 존재의 《어떻게》 대로 존재하게 된다. 인간이 살아가면서 일차적으로 필요로 하는 양식이 앙심을 품은 제우스에 의해 숨겨진다.[15] 이것이 말하려는 것은, 인간의 삶은 땅을 경작하는 일에 달려 있다는 점이다: 인간은 일 년에 필요한 것을 하루 만에 쉽게 생산해 낼 수 없다. 오히려 그는 살아 있는 동안 그것을 얻으려 애쓰고 노동해야 한다. 이 시는 끊임없이 인간의 현재적인 '존재-상태'를 항상 새롭게 '죄책-상태'로 선언하고 있다. 따라서 『일과 나날들』에서 묘사되고 있는 판도라 이야기는 결국 인간에게 모든 벌이, 즉 그가 살아가면서 이렇게 저렇게 겪어야 하는 수고, 병, 고통, 그리고 늙음이라는 벌이 지정되었다고 말하고 있는 것이다. 물론 인간이 프로메테우스의 오만함을 따르지 않았더라면, 그는 전혀 다르게 살 수도 있었을 것이다: 《예전에 인간 종족은 대지 위에서 모든 악으로부터 멀리 떨어져 있었다》.[16] 그러나 인간의 '자기-죄책-존재'에 대한 이야기가 충분히 인정받기 위해 필요한 것은, 그 이야기가 인간으로 하여금 이전의 과거를 꿈꾸고, 그 가능성을 다시 얻기 위해 노력해야 한다고 강요하는 이야기로 이해되어서는 안 된다는 점이다. 오히려 삶은 죄책을 통해 획득된 악이라는 것. 이것이 신화가 말하고자 하는 유일한 목표이다. 이에 대한 수정은, 비록 과거 시문학자들이 예상하지

---

15   헤시오드, 『일과 나날들』 42, 47
16   헤시오드, 『일과 나날들』 90-92

는 못했겠지만, 허락되지 않는다.

V

신과 인간에 대한 시문학적인 분리는 다양한 결론으로 이어질 수 없었다. 한편으로 그것은 정신과 영적인 문화를 산출시켰으며, 다른 한편으로 인간으로서 인간 자신에 대한 이해를 이끌어 냈다. 그러나 이러한 이해는 자기 자신에 대하여 자유롭게 질문하는 일을 불가능하게 만들었다. 예를 들어 헤시오드는 신들로부터 분리되고, 강력하게 고소된 인간을 제시하였는데, 그의 시는 이러한 분리를 진지하게 만들었고, 결국엔 피할 수 없이 인간에 대한 자기 고발로 이어졌다. 그의 시문학은 그 자체로 판도라의 상자가 되었다. 왜냐하면 그의 시문학에서 묘사된 인간의 모습은, 결국엔 자기 자신에 대한 인간의 명료한 이해를 빼앗았기 때문이다.

2장

아담과 이브

I

《그때 두 눈이 열리고, 그들은 자신들이 벗고 있는 것을 보았다.》[1] 이것은 그들이 성에 대해 알기 시작한 순간이다. 이와 더불어 창세기에서는 스스로 자신의 책임을 지는 인간에 대한 이야기가 시작된다. 그 이야기의 저자는, 그 순간을 죄책의 순간, 더 정확히 말하면 원죄의 순간으로 보고 있다. 남성과 여성으로 존재하는 것, 성적인 존재로서 아이를 만들고 출산하는 자로 규정되는 것. 이런 것으로부터 눈이 열리게 된다. 그것도 죄를 짓는 눈이. 한 인간과 또 다른 인간, 그들은 너무 많이 보게 되었다. 그러나 인간이 누구인지를 아는 것은 인간에게 금지된 것이다. 즉 모든 지식의 열매를 즐기는 일은 — 그것이 선을 향하든, 악을 향하든 — 인간에게는 《근원적으로》 금지된 것이다.[2] 인간이 그의 신화적인 근원을 넘

---

1   창세기 3장 7절
2   창세기 2장 17절

어서자마자, 그는 시원적으로 역사적인 인간이 된다. 그런데 그 인간은 자기 자신이기도 하지만, 신화가 제시하듯이, 이미 죄책존재인 것이다.

《그리고 주님인 신이 아담을 부르면서, 〈네가 어디에 있느냐?〉고 물으셨다》.[3] 이 질문은 너무도 드라마와 같다. 왜냐하면 구약의 신은 이 질문과 더불어 어떤 특별한 것을 고백하고 있기 때문이다: 그것은 무지에 관한 고백이다. 부끄러움을 처음으로 느낀 인간이 신 앞에서 자신을 숨기는 일은 거의 불가능하다. 따라서 두려움이 깊이 내려앉는다. 그리고 공포 안에서 성에 대한 지식이 인간의 첫 번째 본질적 특징으로 자리 잡게 된다. 이렇게 남성과 여성 상호 간에 인간의 고독이 시작된다. 인간은 자기 자신 안에 홀로 남겨졌으며, 첫 번째 지식의 열매인 상호 간의 부끄러움과 더불어 그의 고유한 본질이 시작된 것이다. 그런데 앞에서 인간과 신 사이의 시문학적인 분리에 대하여 언급한 것에 따르면, 그러한 분리는 인간과 또 다른 인간의 관계뿐 아니라, 인간들 모두와 신과의 관계에 대하여 말하고 있는 것이다. 그런데 창세기는 성에 대해 알기 시작한 순간에 대하여 아주 독특하게 진술하고 있다. 즉 그 순간은 신 앞에서 부끄러움을 느끼는 순간이라는 것이다.

신은 인간을, 그가 스스로 알기 전부터, 근원적으로 《낙원》에 《두셨다》.[4] 인간은 그곳에서 경작하고 그곳을 돌보도록 위임되었다. 그것은 남성과 여성 모두에게 적용되었다: 《인간이 혼자 있는 것이 좋아 보이지 않는다. 나는 그에게 그의 마음에 드는 협력자를 만들어 주겠다》.[5] 낙원에 있던 인간은 성적인 존재가 아니라, 공동체적으로 서로 돕는 존재를 뜻했다. 하이데거가 '역사-이후'의 인간, 즉 사유하는 인간에게

---

3   창세기 3장 9절
4   창세기 2장, 8절; 15절
5   창세기 2장 18절; 취리히판 성서, 취리히 1955

《존재의 목자》라는 일을 위임했다면, 창세기 신화 안에서 '역사-이전' 의 인간, 아직 성에 대하여 모르는 인간에게는 《에덴동산》을 돌보는 '동산지기'라는 일이 위임되었다. 태양의 나라, 자유의 나라와 같은 유 토피아를 기획한 인물이 그 안에서 벌어질 인간의 일상적인 노동에 대 하여 묘사하려고 하지 않는 것과 마찬가지로, 창세기 성서기자(聖書記 者)는 네 개의 강이 흐르는 낙원 안에서 근원적인 인간이 원래 무엇을 경작해야 하는지, 낙원의 모습은 어떠해야 하는지에 대하여 진술하기 를 피하고 있다. 단지 확실하게 묘사하고 있는 것은, 그곳에서 경작과 낙원 가꾸기는 ─ 일반적인 노동과 달리 애쓰지 않고 ─ 아무런 피곤함 없이 이루어지고 있다는 점이다. 남성과 여성은 성적인 측면에서 볼 때, 남편과 부인도 아니며, 그들은 노동을 하지도 않는다. 그럼에도 그 들에게는 근원적인 의미에서의 지루함이 존재했다. 즉 그들은 무시간 적인 시간 속에서 살아가고 있었다는 것이다. 그런데 성에 대한 지식이 시작되는 순간, 이러한 평화는 갑자기 끝나게 된다.

II

아담과 이브에게 내린 신의 경고, 즉 그들이 죽지 않으려면[6] 《낙원의 중앙에 있는 나무 열매》[7]를 먹어서는 안 된다는 신의 경고는, 그들이 뱀의 말을 따르자마자 하나의 공허한 경고가 되고 만다. 그러나 그들

---

6   창세기 3장 3절; 참조 2장 17절
7   창세기에 의하면 처음에는 단 하나의 나무가 있었을 뿐이다. 《생명의 나무》는 후에 첨가된 것이다. 참조. R. Marten, 『정신의 급진성. 하이데거-바울-프루스트』, 프라이 부르크/뮌헨 2012, 23쪽 이하

(첫 번째 두 인간)이 대지 위에서 살아가고 있는 모습을 고려하면, 그들의 범행 ― 그 범행을 통해 그들은 자신들에 대한 지식을 비로소 갖게 된다 ― 때문에 그들이 죽게 되리라는 것은 예견된 것이 아니다. 단지 인간이 대지 위에 거주하면서 겪을《운명》이 예견되고 있을 뿐이다. 즉 신과 인간으로부터 땅이 저주받고, 인간은 땅을 개간하는 데 수고를 해야 하며, 살아가는 동안 삶에 필요한 식량들을 얻기 위해 염려해야 하고, 그것을 얻는 일이 힘들 것이란 점이 예견되고 있을 뿐이다.[8] 모든 개별 인간들은 대지로부터 와서, 다시 대지로 돌아갈 것이라는 경고는 인류의 죽음을 뜻하지 않는다. 대지 위에 거주하며 사유하는 인간은 세대를 넘어 이어진다. 이후 남성은《가시덤불과 엉겅퀴》를 내는 대지 때문에 영원히 괴로워하지 않으며, 여성은 출산과 양육 때문에 영원히 수고하지 않게 되었다. 그것은 차라리 하나의 선물로 여겨질 정도다.

　대지 위에 거주하면서, 계속되는 삶에 대하여 염려해야 하는 것이 인간의 책임이라고 한다면, 이것은 그가 스스로 죄를 진 인간, 즉 '형벌을 향한 존재'라는 점을 뜻한다. 시문학적인 인간의 자기 해석이 이러한 길을 선택했다는 것, 그리고 이를 통해 자신에 대하여 설명하려고 했다는 것은 단순히 흥미로운 일 이상의 것이다. 인간이 자신의 무력함을 표명하고, 자신의 마지막 책임을 '파악될 수 없는 더 높은 존재'에게 전이시키는 것이야말로 자신의 근원적인 의무라고 보았다면, 죄책과 더불어 사는 것이 더 나은 삶, 더 자유스러운 삶이라는 뜻인가? 인간과 신을 분리시키는 일은 심층적인 무의식을 표현하기 위한 영민한 시문학적 책략인가? 죽음을 삶의 정지와 제한으로 보는 것으로 충분하지 않은가? 살아가기 위해 음식이 필요하듯이 정신적인 요구에 대하여

---

[8]　창세기 3장 16-19절

종교적인 시문학이 중요한 역할을 해야 하는가? 아리스토텔레스의 표현대로 인간은《천성적으로》'종교적-시문학적'인 존재인가?

자신의 고유한 존재에 대한 죄책존재라는 것, 자신의 실존의《어떻게》에 대한 죄책존재라는 것, 이러한 사상을 불손한 것이라고 평가절하해서는 안 된다. 그러나 인간의 죄책을 모든 것의 원인과 동일시해서도 안 된다. 오히려 죄책감은 인간의 고유한 방식이다. 심지어 신과의 관계 속에서 획득된 죄책감 역시 배상하고 싶은 인간, 즉 배상해야 하는 것이 자신의 의무라고 생각하는 인간의 존재 방식에 속하는 것이다. 자신의 삶을 수행하고 그 과정에 대하여 염려해야 하는 것이 인간의 삶이고, 이것이 인간에게 주어진 벌이라고, 어떤 시인이 말했다면, 그는, 자신의 벌을 받아들일 때부터 이미 그 벌로부터 사면되기를 바라는 인간에 대하여 말하고 있는 것이다. 즉 벌로부터 사면되는 것, 이것이야말로 형벌과 같은 삶에 대하여 인간이 갖는 고유한 의미인 것이다. 여기서 다시 볼 수 있는 것은, '종교적-시문학적'인 자기 해석 뒤에 숨어 있는 인간은 자신이 살고 있는 '현재-상태'(Ist-Zustand)에 만족하지 못하고 있다는 점이다. 스스로 인간으로서 또 다른 삶, 즉 인간적인 삶의 방식을 넘어서는 삶을 시로 지으려는 욕망은 이미 인간 안에 씨앗으로 내재되어 있는 것이다.

III

아담과 이브는 지옥의 불을 두려워하지 않는다.[9] 심지어 저 위로부터

---

9 신명기 32장 22절

쏟아지는 유황의 불, 즉 신적인 불도 두려워하지 않는다.[10] 아담과 이브는, 이후 자기 민족에 대하여 질투하고 화를 내며 그 민족을 멸절시킬 수 있는, 그러한 '민족의 신'의 백성이 아니다. 왜냐하면 아담과 이브의 후손인 그들은 다른 신을 섬기고 있었기 때문이다. 반면에 아담과 이브를 창조하고, 그들에게 낙원을 지시해 준 신, 즉 낙원의 신은 그들을 마음대로 처분하는 신이 아니다. 전멸시키겠다는 어떠한 위협도,[11] 최대한의 고통에[12] 대한 위협도 그는 내리지 않는다. 물론 그들은 한 가지 금지 명령을 어겼다. 그러나 정확히 읽으면, 그들이 벌을 받게 된 것은, 그들에게 어떤 일이 벌어졌기 때문이 아니라, 그들은 바로 그러한 존재, 즉 성적인 존재, 생명을 유지하고 새롭게 생식해야 하는 존재였기 때문이다. 바로 이것이 인간에 대한 해석에서 창세기 신화가 보여 주려는 모든 것이다.

이 신화의 내용을 단지, 인간이 자신으로 되어 가는 과정이나, 그가 대지 위에서 왜 그렇게 거주하게 되었는지에 대한 환상적인 설명으로 여기거나, 특히 그것을 단순히 문자적으로 받아들이고 신화가 의도한 시문학적인 특징을 인지하지 못한다면, 그것은 심각한 위험을 일으킨다. 왜냐하면 본질적으로 죄가 아닌 어떤 것을 죄책, 심지어 원죄로 받아들이는 것은 삶을 위태롭게 만드는 일이기 때문이다. 삶의 과정에서 겪게 되는 상태들, 즉 질병, 가난, 불의, 전쟁 등은 삶을 어렵게, 말하자면《지옥》으로 만들 수 있다는 것, 그것은 우리들이 일반적으로 경험하는 일이다. 그런데 삶을 견뎌 내고 만들어 가는 일, 그 삶을 위해 더 좋

---

10   창세기 19장 24절

11   시편 37장 9절《왜냐하면 악한 자들은 전멸될 것이기 때문입니다》. 취리히판 성서.

12   마가복음 9장 43절:《꺼지지 않는 불》(pyr asbesto). 이렇게 예수는 회개하지 않는 죄인들에게 위협하고 있다.

은 조건들을 다음 세대에 넘겨주는 일, 그리고 그 삶을 더 풍요롭게 하는 일. 이러한 일은 처음부터 인간에게 부과된 근본적인 지참금이다. 그렇다면 이러한 일을 벌로 해석하는 것은, 단지 인간이 삶으로부터 극단적으로 소외되어 있다는 사실을 뜻할 뿐이다. 벌이라는 것은 순전히 삶 자체로부터 명시된 것으로서, 그것은 살아 있는 동안 평생 존재할 것이다. 그런데 삶을 통해 벌이라고 여겼던 것들을 통해 인간이 추구하고자 했던 것은 단 하나, 그러한 벌로부터 전적으로 벗어나는 일이었던 것이다.

3장

부처

I

부처의 삶에 대하여 전해 오는 이야기에서 눈길을 끄는 대목은,《깨우친 자》가 아직 깨우치기 전이나, 깨우쳤을 당시, 그는 사회적 관계없이 단지 자기 자신과만 관계하고 있었다는 점이다. 그가 어떠한 인간의 삶과 마주쳤든, 그것을 어떻게 해석했든지, 그때 모든 사회적 연대성은 차단되어 있었다. 비록 그가 자신을《지혜자》, 즉 자기나 자아를 추구하는 자라고 고백하지는 않았지만, 그럼에도 그가 수행한 모든 일은, 무엇이 그로 하여금 삶의 세계로부터 떠나게 한 것인지를《찾는 일》이었다. 그에 의하면 삶의 세계는 단순한 가상의 세계로서, 그 안에는 어떠한 항존적인 것도 존재하지 않으며, 그것은 결국《소멸》될 세계였다. 그는 이러한 세계의 참모습을 밝히는 스승이 되기 위해, 우선 지혜자의 가르침을 받지만, 가르침을 받는 또 다른 사람들과 그는 어떠한 정신적, 영적인 사회적 연대성을 공유하지 않는다. 궁극적인 평안에 이르고 모든 번뇌를 소멸시키기를 추구하는 자는, 당시 지혜자의 가르침을 받았던 사람들과 같이, 결국엔 한 개인으로서, 고독자로서 그것을 수행해야 한다.

그가 출가한 이야기를 읽노라면, 나중에 부처가 된 그는, 자신이 아버지의 왕궁에서 많은 시종들과 악사들 사이에서 《세상 물정을 모르는 자》(unkundiger Wetling)[1]로 성장한 것에 대하여 자부심을 갖고 있는 것을 볼 수 있다. 그것은 무한정한 정도의 비사회성을 뜻한다. 전적으로 그를 중심으로 돌아가는 호사로움에 대한 자부심은, 자신이 윤기 있는 검은 머리카락까지[2] 사랑받았던, 생기발랄하며, 아무 상처도 받지 않은 왕자라는 것에 대한 자부심과 연결되었다. 만약 그렇다면, 사람들은 그에게 부족한 것은 아무것도 없었으며, 그를 중심으로 한 모든 것에 매우 만족했을 것이라고 생각할 수 있다. 바로 이것이 이야기 속 젊은이가 실제로 자랑스러워하고, 또 그에 의해 자랑스럽게 여겨진 것이기도 하다. 따라서 그가 인간의 삶을 보았을 때, 그 안에서 아무런 고통도 알아 보지 못했다. 왜냐하면 아무것도 무상한 것이 아니라고 여겼기 때문이다. 자랑스러운 왕궁에서 건강하게 꽃 같은 젊은 시절을 보낸 왕자가 알 수 있었던 것은 단 하나, 《뭔가 이상하다!》라는 삶의 경험이었다.

II

사람들은 자신이 현재의 미국으로 옮겨져, 그곳에서 늙은이들이 모욕으로 여겨지는 것을 목격하는 경우와[3] 마찬가지로, 만약 부처가 다른

---

1 「고타마 붓다의 말씀들」, in: Bernhard Uhde(편집자), 『성서와 세계 종교들. 종교사적인 원 텍스트들』 제8권, Stuttgart 1979, 3893
2 「고타마 붓다의 말씀들」, 3894
3 늙는다는 것에 대한 Geraldine Chaplin의 인터뷰, in: 『남부 독일 신문』, 2012년 3

사람들이 늙는 것을 본다면, 그는《강한 압박을 받고》매우 놀라고, 구토를 하게 될 것이라고 생각할 것이다.⁴ 부처 역시 늙는 것을 좋다고 여기지 않았다. 왜냐하면 그 역시 늙어 가는 세월에《붙잡혀 있고》, 그것으로부터《벗어날 수 없었기》때문이다. 이로써 그의《철없던 망상》은 끝나게 된다. 물론 그 때문에 그가 늙음을 긍정적으로 받아들인 것은 아니다. 그는 질병과 죽음도 늙음과 마찬가지로 여겼다. 그런데《건강이라는 망상》과《삶이라는 망상》을 없애기 위해, 이제 그는 사람들이 늙어 가고, 병들고, 결국엔 죽어 간다는 사실을 굳이 다른 사람들의 모습을 통해서 확인하는 것으로부터, 그리고 그 때문에 압박감과 놀람, 그리고 구토를 느끼는 일에서부터 벗어나게 된다. 질병이 삶을 유지하기 위한 투쟁의 한 형태라는 사실, 죽음은 본질적으로 삶에 속한다는 사실, 이러한 것을 그는 인정하지 않고 받아들이지 않는다. 이런 점은 무엇보다 탄생의 경우에도 해당된다. 이때 처음으로《자연의 법칙의 괴로움》⁵이라는 중요한 단어가 나타난다. 삶이 본질적으로 그 자체 안에 포함하고 있는 자연적인 방식, 즉 탄생과 늙음과 질병과 죽음, 더 나아가 고통과 불결함도 그는 받아들이지 않는다. 왜냐하면 단지 가상의 세계에 불과한 삶의 세계 전체를 이루는 모든 부분들 안에는 망상이 놓여 있기 때문이다. 따라서 삶의 진리의 사건이 무엇인지 따져 보는 대신, 이 모든 망상을 없애는 일이 더 중요해진다.

그런데 건전한 상식을 지닌 사람이라면, 그가 산책하고 앉아있고 가르치고 쉬며, 먹고 화장실을 가는 일, 이러한 모든 삶이, 이러한 삶의 내용들이 단지 허망한 무에 불과하다는 사상에 대하여 놀랄 것이다. 그

리고 이렇게 독특한 허무주의자(부처)는 무엇보다도 삶의 무상함에 대
하여 적절한 관계를 취할 수 없을 것이라고 생각할 것이다. 그런데 어
떤 것이 무상하기 때문에(생일, 첫 번째 키스한 날, 갈증을 없애 주는
물, 갈증을 해소하는 일, 그리고 해소된 갈증), 그것이 무와 같다는 이
상한 생각은, 단지 종교 뿐 아니라 그리스 존재론과 같은 철학적 문화
안에도 스며들어 있는 난제였다. 이러한 문제에 대하여 부처는, 무상함
이 곧 고통이라고 해석하고 있다. 이것을 입증하기 위해 그는 탄생, 늙
음, 병과 죽음뿐 아니라, 근심, 곤궁, 아픔, 원한, 절망도[6] 고통스러운
것이라고 말한다. 그런데 만약 근심이 무상한 것이라고 한다면, 오히려
사람들은 기뻐해야 할 것이다. 예를 들어 전도서 저자가 말하는 것과
같이, 모든 것이(pragmata) 자신만의 시간을 갖는다면, 즉 심을 때가
있고, 뽑을 때가 있으며, 울 때가 있고 웃을 때가 있다면[7], 이러한 변화
는 시간(kairos)의 호의 안에 있는 것, 즉 위로적인 것이다. 왜냐하면
어떤 것도 영원히 지속되지 않으며, 매일 행하고 견뎌 내야 하는 것도
존재하지 않기 때문이다. 그럼에도 밝은 깨달음의 길을 가고 있는 자인
부처는 적멸(고요함)의 방법에 대하여 생각한다. 그에게 있어 모든 오
고 가는 것, 생성하고 소멸하는 것은 고통을 뜻한다. 그는 무상함에 대
한 보증인인 시간에 대하여 거의 병적으로 부정하고 있는데, 그것은 특
히 현재, 즉 여기와 지금(Hic et Nunc)에 대한 부정을 목표로 한다. 그
런데 그가 시간에 대하여 분노하는 이유는 시간이 살아 있는 것이란 점
에 있다. 따라서 삶을 괴롭게 하는 가시를 시간으로부터 뽑아낼 수 있
는 유일한 가능성은, 삶을 죽음과 같이 여기며 살아가는 일이다.

---

6 「고대 북부 인도불교」(번역본), in: Bernhard Uhde(편집자), 『성서와 종교들. 종
교사적인 원 텍스트들』, 제8권, 3902
7 전도서 3장 2절; 4절

탄생과 죽음, 굶주림과 배부름, 아침과 저녁, 이 모든 것은 깨달음을 추구하고 발견한 자에겐 자연법칙의 괴로움이며, 동시에 살아 있는 자, 무상한 자가 느끼는 고통에 불과하다. 따라서 이제 이러한 것으로부터 벗어나는 일이 중요하다. 왜 모든 것이 괴로움이고 고통이어야 하는가에 대하여 논쟁하는 대신에, 이제 중요한 것은, 살아 있는 인간 현존재의 《어떻게》에 대한 책임은 인간이 아니라 자연에 있는 것이라는 것을 받아들이는 일이다. 불교의 경우 인간에게 요구되는 것은 죄책이나 원죄로부터의 구원이 아니라, 자연의 무상함에 적절하게 대처하지 못하는 것으로부터 구원이다. 불교에는 황금시대도, 낙원도, 올바른 자연 상태도 존재하지 않는다. 불교는 죄에 대한 언명으로부터 시작되는 역사드라마가 아니다. 불교에 의하면 세계는 미망과 무, 그리고 고통의 세계이며, 바로 이런 이유 때문에 인간은 이 세계로부터 떠나게 해야 한다는 것이다. 누구도 살아 있는 존재에게 바로 그 삶 때문에 벌을 내리지는 않는다. 살아 있는 존재 자체의 가능성과 관심은 순전히 감각적 쾌락과, 자기 억제 사이에서 하나의 길을 선택하는 일이며, 그 중 하나의 길은 고요함과 참된 지혜, 깨달음, 적멸의 상태를 보게 하고 인식하게 하는 길인 것이다.[8]

III

불교도는 이 세계를 초월하는, 전적으로 다른 세계를 추구하지 않는다. 또한 깨달음과 더불어 전적으로 다른 세계 속에서 또 다른 삶이 시작되

---

8 「고대 북부 인도불교」(번역본), 3901

는 것도 아니다. 고통으로부터 '고통 없음'의 상태로, 모순으로부터 '모순 없음'의 상태로 바뀌는 것, 그것이 불교적인 구원의 의미이다. 그 구원은 이전의 근원적인 상태로 치유되기 위해, 오래된 원죄로부터 해방되는 것이 아니다. 불교에서 구원의 의미는, 궁극적으로 인간 현존재 자체로부터 영원히 구원되는 것을 뜻한다. 그렇다면 이러한 주장은, "인간은 신이 아니다"라는 종교적인 시문학의 근거율을 이미 거절하고 있는 셈이다. 부처의 가르침은 인간과 신의 분리에 대하여 말하고 있지 않다. 그러한 분리가 필요하지 않은 이유는, 깨달음을 향해 가고 있는 구도자는 신앙이나 희망이 아니라, 단지 깨달음을 추구하고 발견하는 자이기 때문이다. 따라서 불교는 어떠한 초월적인 진리나 형이상학도 알지 못하며, 단지 불교가 추구하고 발견하려는 것은 명료한 깨달음인 것이다. 이를 통해 불교도는 《명석한 확실성》과 구원에 이른다.[9] 반면에 유대인과 그리스도교인의 경우 구원의 확실성은 규정되지 않고 규정될 수 없는 방식으로, 종말의 때까지 지연된다.

깨달은 자가 도달한 예외적인 상태는, 유일신론적인 종교가 볼 때, 비싼 값을 지불하고 도달한 것처럼 보일 것이다. 그러나 그는 그가 성취한 것 안에서 다양한 방식의 《비교할 수 없는 확실성》[10]을, 말하자면 탄생도 늙음도 질병도 죽음도 없는 확실성을 갖게 된다. 그런데 그는 이러한 것들이 신앙의 문제, 즉 신앙의 신비나 최고 존재의 불가해성에 대한 문제가 아니라는 점을 안다. 그는 유일신론적인 종교 전체를 감싸고 있는 시문학으로부터 벗어난다. 즉 그는 유대교나 그리스도교를 특징짓는 종교적인 실존으로부터 벗어난다. 신앙적 실천을 위해 요구되

---

9 「고타마 붓다의 말씀들」, 3897
10 「고대 북부 인도불교」(번역본), 3906

는 공동체 생활에서 만나게 되는 모든 상황 속에서도, 불교도는 자신의 본질에 있어 개인일 뿐이며, 그는 정신적으로 자신을 위해 행동할 뿐이다. 그가 그때마다 자신의 자아와 자기를 스스로 찾아간다고 하더라도, 그 때문에 그를 이기주의적이라고 부를 수는 없다. 그러나 그가 자신의 진정한 자아를 관조하려고 한다는 점에서, 우리는 그를 자아-중심적이라고 부를 수 있을 것이다. 즉 그가 자아-중심적이라고 불릴 수 있는 이유는, 그리스 철학이 추구하는 방식과 같이 그가 정신성이란 의미에 몰두하기 때문이 아니다. 이와 달리 모든 것을 꺼 버리고 소멸시키는 일이 현실화될 때, 그는 ―그가 가부좌를 틀고 있든, 미소를 짓고 있든 ―자신 안에서 모든 것 전체를 이해하게 되는 것이다.

IV

독일인에게 부처의 가르침은 해결되어야 할 문제점을 갖고 있는 것처럼 보인다. 부처는 《나는 구원되었다》[11]라고 말하지만, 동시에 그는, 나 (자아)는 없다고 말하기도 한다. 그는 남김없이, 흔적 없이 《무지를 제거하고 극복》하였지만, 그는 자의식을 갖지 않는다. 그런데 자기 자신을 의식하는 자는 누구도 정신적으로 그러한 상태에 도달할 수 없다고 한다면, 《더 높은 앎》과 《인식》은 언어적으로나 사상적으로 매개될 수 없는 것이라고 볼 수 있다. 소멸과 꺼 버림을 통해 얻게 된 이해는 스스로 정당하다고 알고 있는 이해를 위한 상징이며, 이러한 이해는 서구 철학적으로 파악된 이해와는 거리가 먼 것이다. 그것은 언어적인 역설,

---

11   「고대 북부 인도불교」(번역본), 3906

즉 듣지 못하는 자, 경험하지 못한 자에게 듣도록 하는 역설을 표현하기 위한 은유이다. 의식을 수반하는 사유와 보는 일, 듣는 일을 아리스토텔레스는 energeia, 즉 활동성과 생동성이라고 주장하였다. 프루스트의 경우 예술가적인 생동성이든, 실제적인 생동성이든, 모든 생동성의 특징은 감성적인 느낌에 있는 것이다. 이런 점을 고려한다면, 우리는 절대적인 무고통이라는 매혹적인 사상이 불교적인 수행으로 하여금 하나의 진리(길)로 이끌 수 있는지 질문해야 한다. 즉 그러한 사상은 ― 모든 고통이 끝나는 죽음은 아직 아니라고 하더라도 ― 인간을 무-인간성(Ahumanitaet)으로 이끄는 것은 아닌지 질문해야 한다.

살아 있는 생명체로부터 고통의 모험을 빼앗으려는 자는, 삶의 모험 자체를 간과하는 자이다. 고통이 끝나는 것은 단지 삶이 끝났을 때뿐이다. 아마도 깨달은 자, 즉 부처는 그가 이해할 수 있는 것보다 더 많이 이해했을 수도 있다. 동시에 우리는 그가 도달할 수 있는 것보다 더 멀리 도달한 것은 아닌지 질문할 수 있다. 《고통들》[12] 전체로부터 단지 탄생과 죽음 두 가지만을 언급하기 위해 이것들을 지양시키는 것은, 기이한 방식으로 이야기를 과장시킨 것이라고 볼 수 있다. 이러한 과장은 부처가 보리수 아래서 7일 동안 아무런 인간적인 욕구도 따르지 않고 앉아있었다는 이야기에서도 발견된다. 깨달은 자가 도달한 《적멸》(고요함)은 매개될 수 있는 경험으로부터가 아니라, 언어적인 역설로부터 말할 수 있는 것이다. 무상함과 조화를 이루려는 인간 모두에게 주어진 어려움을, 세계와 시간성을 제거함으로써 완전하게 극복할 수 있으리라는 사상은, 신앙을 가진 자가 희망하는 것보다 더 많은 어려움을 내포하는 것처럼 보인다.

---

12 「고대 북부 인도불교」(번역본), 3899

V

파르메니데스부터 아리스토텔레스에 이르는 그리스 존재론, 즉 무상한 것은 원래 무와 같은 것이라는 견해는 부처가 느낀 삶의 감정을 공유하고 있다. 그리스 존재론에 의하면, 존재는 항존적인 것(menein)과 동일시된다. 항존적이지 않은 것은 오고 가는 것이며,《존재자》라고 명명될 수 없는 것이다. 그것은 비-존재자이다. 항존자의 절대적인 우월성이란 측면에서, 사유 속에서 고안된 영원한 것에 비해 시간적인 것은 철학적으로 평가절하 되었다. 즉 그것은 사유에 의해 절대적으로 무가치한 것이 되었다. 특히 순수하고 정신적인 것에 대한 기다림의 경우, 육체적인 것은 배척되었다. 형이상학 11권에서 아리스토텔레스는, 만약 철학자가 결코 무화하지 않는《존재자》에게 궁극적인 형태를 주려고 생각한다면, 그가 얼마나 신학적인 시를 짓고 있는 것인지에 대하여 매우 함축적인 구절로 말하고 있다. 그 존재자는, 영원히 존재하며 영원히 살아 있고, 자족적인 자기 사유 안에 머물러 있는 신으로서, 그는 순수한 존재, 순수한 이성, 순수한 쾌락으로 응축된 전체이며, 그는 신과 함께 보조를 맞출 수 없는 인간, 즉 시간 존재, 생명 존재와는 전적으로 분리된 존재이다. 그러나 아리스토텔레스는 스스로 철학자로서, 철학자에게 대단한 능력을 부여하고 있다. 즉 항상 신의 본질적 특징에 속하는 것에는 가끔 철학자가 도달할 수 있다는 것이다.[13] 그때 그들은 인간의 정신적인 황홀경과, 영원한 것 안으로의 순간적인 참여, 더 나아가 사람들이 그 이상으로 더 생각할 수 없을 만큼 좋은, 시간과 영원의 결합을 경험한다는 것이다. 만약 철학자와 신의 가까움을 믿는 자가

---

13   아리스토텔레스, 『형이상학』 11권, 7, 1072b25

있다면, 그는, 아리스토텔레스가 보여 주듯이, 아직까지도 생명력을 유지하고 있는 형이상학에 대하여 말하고 있는 셈이다.[14]

---

14 불교 신비주의에 관심을 기울이고 있는 에른스트 투겐트하르트가 그리스 존재론의 근본 사상인《영속성》에 매우 중요한 의미를 부여하는 것은 우연이 아니다.《영혼의 평안》을 찾기 위해 자신의 고유한 자기를 상대화해야 한다는 사상을 그에게 제공한 것은 고대 그리스 철학과 시작품(핀다로스)이다. 이 사상들에 의하면, 무상함은 인간이 피할 수 없는 것이다. 그런데 무상함과 죽음을 의식하면서 살아가는 일은 인간의 근본적인 비참함이기도 하다. 그러나 삶(삶 바로 그 자체!)이 괴로운 것(참기 어려운 것이 아니라)이라고 느껴진다면, 인간은《참기 어려워 보이는 생각을 멈추면서 살아가야 하며》, 그 때 중요한 것은 하나의《탈출구》를 찾는 일이다. 이러한 생각은 불교뿐 아니라, 신비주의도 제공해 왔다. 이러한 입장은 인간의 자아와 죽음을 비사회화하는 사상에서 완성된다. 그러나 비사회화는 인간의 기질에 반하는 일이기도 하다. 부처가 깨달음의 도에서 묘사하고 있는 반사회적인 것을 투겐트하르트는 자기 초월, 자기를 없앰, 관심을 없앰, 영혼의 평안이라고 부른다. 그런데 이러한 것은 인간으로 하여금 삶의〈무의미성〉으로부터 벗어나게 하고, 황홀경의 순간《자기 자신 안의 평안》안에서 자기 삶의 의미를 찾도록 하는 유아론적인 태도들이다. 물론 최고의 숙고 단계인《우주적으로 이해된 사랑》과《우주적인 공감적 동정심》안에서 황홀경에 빠져든 '자기'는 자신에게 이기적으로 관계하지 않는다. 이기주의적(자아 중심적)인 것이 있다면, 그것은 자신의 사랑과, 개별적 인간 사이에서 일어나는 사랑에 대한 사랑뿐이다. 그 사랑은 삶을 항상 새로운 것으로 만든다. 이때 사랑이 고독함을 극복한다고 하더라도, 그것은 불만족스러운 것으로 남는다. 왜냐하면 그것은《깨지기 쉬운》것이기 때문이다. 참조, 에른스트 투겐트하르트,『자아 중심성과 신비주의』, 뮌헨 2003;『영성과 종교, 그리고 신비주의』, 취리히 2005, 재판, in: 클라우스 야코비(편집자),『신비주의, 종교, 그리고 지적인 정직성』, 프라이부르크 2012, 161-173쪽;『형이상학 대신 인간론』, 뮌헨 2007

4장

마호메드

I

코란 전체는 각각의 장마다 《믿을 것인가 혹은 부인할 것인가》, 《신뢰하는가 혹은 의심하는가》라는 선택으로 가득하다. 코란을 믿는 자가 그렇지 않은 자들을 판단하는 확고한 기준은, 그들이 이슬람의 성스러운 경전이 가르치고 율법으로 제시하는 것을 믿지도 부인하지도 않는 자, 신뢰하지도 의심하지도 않는 자라는 데 있지 않다. 오히려 그들은 어떠한 것이든 선택해야만 한다. 왜냐하면 코란을 믿는 자는 그들을 무관심한 자로, 관계없는 자로 내버려두지 않기 때문이다. 마호메드의 신을 따르든가, 따르지 않든가, 그 신을 믿든가 믿지 않든가, 그 외에 다른 방법은 없다.

　원어로 낭송되는 코란 구절의 음향을 도외시한다면, 성문화된 이슬람교의 코란 번역본의 경우, 그것은 독자들에게 특별히 사상적이거나 표상적인 시문학을 전혀 보여 주지 못한다.[1] 물론 이 종교의 매혹적인

1　케르마니는, 음송되는 코란의 음악은 모든 것을 개념적으로 파악하려는 사람에게

면은 많이 있다. 서문 격인 코란 1장부터 모든 장들은 유일신의 자비와, 그를 믿는 자에게 베푸는 신의 위대함이 칭송되고 있다. 그러나 이와 마찬가지로 코란 안에는 신이 내리는 벌의 예측 불가능성과 엄격함에 대한 칭송도 많은 곳에서 발견된다. 그러나 인간이 벌을 받는 것은 그들의 죄책이나 원죄 때문이 아니라, 단지 《헌신적인 복종》을 중단했기 때문이다. 왜냐하면 헌신적인 복종은 하루에 5번 예배드리는 것으로 증명되기 때문이다. 그리스도교의 경우, 스스로 정당한 신과 욥이 화해하기 위해, 그리고 자신의 행동이 옳은지 그른지 신과 단판 지으려는 불가능한 노력에서 충분한 보상을 받기 위해 욥이 단 한 번 했던 일을, 이슬람 신도들은 매일, 심지어 매시간 해야만 한다. 이와 같이 이슬람교는 자신의 신자들에게는 매우 효과적인 훈련을 요구하는 종교이다. 그러나 이 종교에 속하지 않는 자들에게는 벌로 위협하는 종교이다.

마호메드는 유대교와 그리스도교에 의해 왜곡된 아브라함에 대한 신앙을 새로운 번역과 수정을 통해 신의 말씀으로 진술하고, 그것이 사실이고 율법이라고 확정하였다. 그런데 그가 제시한 종교는 가냘프고 단순한 종교로서, 자신의 책임과 자주권을 포기하려는 인간, 즉 이를 위해 자신의 삶을 멈추고, 자신의 일상적인 삶의 태도를 여러 가지로 억제하기 위해 고삐를 필요로 하는 인간에게 적합한 종교인 것이다. 부활과 낙원에서의 삶에 대한 믿음은 복종과 밀접히 연결되어 있다. 이슬람 사원은 《엎드려 절하는 곳》[2]으로 이해되고 있다. 신자들에게 요구되는

는 잘 들리지 않는다는 점을 확고하게 보여 주고 있다. 단지 코란을 믿고 들으며 그 안에 침잠하는 자에게만, 신의 입이 열린다는 것이다. 나비드 케르마니, 『신은 아름답다. 코란에 대한 미학적 경험』 4판, 뮌헨 2011

2　이 표현은 아마드 밀라드 카리미의 코란 번역에서 사용되고 있다(코란, 프라이부

엄격한 훈련은 단지 개체성을 지닌 개인에게뿐만 아니라, 중요한 사회적 구성 요소에도 적용된다. 그것은 타자를 도우라는 의무로 나타난다. 그들에게 구호의 의무는 더 나은 사회를 위한 효과적인 부의 분배로서 인지되었다.

II

신과 인간의 분리, 절대적인 지배 요구와 절대적인 복종의 분리가 인간에 대한 평가절하로 이어지지 않았다는 점, 즉 그 분리가 인간적인 불만족을 결코 반영하지 않았다는 점은 아주 이상한 일이다. 그러나 그것이 가능했던 것은, 마호메드가 신의 말씀을 무엇보다도 신자들을 훈련시키는 데 사용하고, 불신자들에 대한 무관용을 관철하는 데 사용하였기 때문이다. 과거에 크리티아스는, 인간이 자신의 고유한 지배 요구를 관철하기 위해 최초로 고안한, 영악한 창조물이 신이라고 해석했는데[3], 이러한 해석은 이슬람교에서 역사적인 증거를 발견한 셈이다.

이슬람교의 신에 대한 숭배에서 말할 수 있는 것은, 코란 안에는 인간적인 이야기의 시작이나 전개에 있어서 드라마적 요소가 없다는 점이다. 그 안에 인간은 존재하지만, 그들은 예외 없이 유일신에게 복종하며, 신뢰한다는 것을 증명하려는 자들이고, 이것이 전부인 것이다. 단지-선을-행하는 자에게 약속된 낙원은 죄로 인해 상실한 것을 다시 회복한다는 의미가 아니라, 단지 선한 자에게 보답하는 신적인 관대함

르크 2009). 이하에서는 이 번역본을 따를 것임.
3   크리티아스 『단편』 25. 이것은 에우리피데스에 의해 새롭게 쓰였음.

의 한 예에 불과하다. 그것은 "네가 주도록 하기 위해 내가 준다는 계획"(Do-ut-des-System)이 상연되는 순간이다. 그것은 최고의 순간, 궁극적인 순간이지만, 시간적으로 인간 현존재가 경험할 수 없는 순간이다. 이슬람교 신자는 자신의 정당성을 자기 자신을 위해서나 자기 앞에서가 아니라, 오직 신 앞에서 입증한다. 선한 행동과 헌신적인 복종이 그에게 요구되는 모든 것이다. 그가 신에 대하여 이해하고 있는 것은, 단지 신이 자비롭다는 것, 그는 유일자, 완전한 자, 비교할 수 없는 자이며,[4] 사람들로 하여금 신의 의지를 따르도록 하는 자라는 점이다.

> 선한 일을 믿고 수행하는 자들, 강물이 흐르는 낙원을 기대한 자들. 이것을 얻는 것은 위대한 일이다.[5]
> 만약 그대들이 신을 돕는다면, 신도 너희를 도울 것이다.[6]

이슬람교 신자들이 단 하나의 신만을 믿고, 스스로를 신의 의지 아래에 복종시키는 것, 그것도 단지 신과 마주해 자신의 의지를 포기하는 것뿐 아니라, 육체적으로 그러한 표시를 하는 것이 그들의 믿음에 속한다면, 그의 믿음과 선행에 따라 낙원적인 보상을 받는다는 것을 믿는 일은 그에게 속한 것인가?

> 신을 두려워하는 자가 확실하게 얻게 될 것은 낙원들과 포도나무와, 가슴이 부푼 동년배의 처녀들, 가득 채워진 잔들이다.[7]

---

4 코란 112
5 코란 185, 11
6 코란 47, 7
7 코란 78, 31. 이러한 표현이 은유라고 하더라도, 그것이 전하려는 내용은 분명하

보상에 대한 믿음은 신에 대한 믿음을 완성시키는 구성 요소이다. 이슬람교 신자는 저 세상에서 정신적인 것이 아니라, 육체적인 쾌락을 기대한다. 그러나 그것은 성인 남성에게만 해당된다. 생식기에 근거한 젊은 남성에 대한 찬미는 코란 안에서 발견되지 않는다. 그러나 이와 달리 순결한 처녀성을 갖춘 젊은 여성에 대한 찬미는 자주 발견된다. 이렇게 기발한 착상은 감각적인 것에 대한 필연적이고 환상적인 과장으로 나타난다. 정신적인 것에 대한 필연적인 과장 역시 인정하려고 한다면, 그것은 순수한 활동성(actus purus) — 순수한 채 아무것도 혼합되지 않은 활동성, 단지 신의 순수한 자기 사유에서 수행될 수 있는 활동성이라고 아리스토텔레스가 명명한 것[8]을 토마스 아퀴나스가 라틴어로 옮긴 표현 — 에 대한 질문으로 이어져야 할 것이다. 그러나 현세적인 삶만이 유일한 삶이라고 여기는 사람에 대하여 코란은, 가축과 같이 살아가는 사람이라고 말하고 있다:

> 저 세상을 부인하고 가축과 같이 즐기고 먹는 자들에게는 불의 고통이 주어질 것이다.[9]

반면에 현세적 삶에서 신을 두려워하며 살아가는 자들에게 코란은, 그들이 현세적 삶에서 누리지 못한 것을 저 세상에서 넘치도록 향유할 것이라고 약속하고 있다.

다. 코란을 읽고 암송하는 자들 중 많은 단순한 사람들이 이러한 표현을 있는 그대로 맹신하고 있다. 이에 반해 그리스도교에서 천국은 약속으로서, 본질적으로는 신에게 가까이 감, 즉 신과의 합일을 의미한다.

8   아리스토텔레스, 『형이상학』, 11권, 7, 1072b. 앞의 장 각주 13을 보시오.

9   코란 47, 12

진정으로 말하기를, 신을 두려워하는 자들은 안전하고 샘이 넘치는 낙원에 거주하게 될 것이다. 그들 모두는 각각 비단과 명주와 비단 옷을 입을 것이다. 그것은 사실이다. 그리고 우리는 그들에게 커다란 눈을 지닌 여성 후리(Huri)를 줄 것이다.[10]

Huri. 그녀는 순결한 처녀성을 지닌 젊은 여성, 모든 사랑의 밤을 첫날밤으로 만드는 젊은 여성의 이름이다. 살아가는 동안 코란의 계명을 따른 자에게는, 현세적인 삶에서 그 어떤 족장도 할 수 없었던 것이, 그에게 진정으로 주어진다는 것이다.

이렇게 남성들이 원하는 것은, 앙겔리우스 실레지우스의 시에 묘사되고 있는 낙원에서는 발견되지 않는다. 오히려 그의 낙원은 정신적이며 영적인 낙원이다. 반면에 코란에 묘사되고 있는 낙원은 난잡한 유혹들이다. 이슬람교 신자들은 이미 그곳으로 가기를 원한다. 그렇다면 지금 그것은 《그렇다면 얼마나 좋을까》라는 의미의 유혹에 불과한 것인가? 혹은 그것은 《그것은 사실이다》라는 말에 걸맞는 절대적인 사실이며, 최고의 기쁨을 기대하는 이슬람 신자들을 위해 꼭 필요한 것인가? 그러나 그러한 《보상》이 단순한 유혹일 수는 없다. 왜냐하면 그것은 믿는 자들이 행해야 할 의무 중 하나이기 때문이다.

《누가 너희들을 지옥의 불 속으로 던졌는가?》 그들이 대답하기를 《우리는 계명을 지키는 자들에 속하지 않았고, 가난한 자에게 음식을 베풀지 않았으며, 단지 수다를 떨었을 뿐, 확실하게 우리에게 닥칠 심판의 날을 부정하였

---

10   코란 44, 51-54

기 때문입니다.》[11]

신에 대한 두려움이 확실한 두려움이기 위해, 심판의 날에 겪게 될 영
원한 지옥의 불에 대한 믿음을 요구한다면, 신의 허락 하에서 모든 감
각적인 쾌락을 채울 수 있다고 묘사되는 이슬람교의 낙원은, 이슬람교
적인 믿음을 유지하기 위해 필요한 요소인 셈이다. 그러나 기뻐하는 자
들에 대한 묘사는 더 이상 시문학적이지 않다. 그것은 단지 이슬람교
신자들이 현세적 삶에서 피해야 할 것이 무엇인지, 저 세상을 위해 허
락되고 명령되고 있는 것이 무엇인지를 명확히 지시하고 있을 뿐이다.
또한 그것은 가장 과격하고, 동시에 가장 유혹적인 꿈, 말하자면 현세
적인 삶 속에서 부득이하게 꾸게 되는 꿈의 형태일 뿐이다. 그 형태는
영원한 고통을 당하지 않으려면, 반드시《이래야만》한다는 것이다.

III

시와 진리 ─ 코란의 저자는 이 둘을 분리시키고 있다.

> 그들이《그것은 창작된 시와 같습니다》라고 말했다. 아니다. 그것은 너희들
> 의 주님의 진리이다.[12]

신의 말씀을 전하고 확신시키려는 자가 할 수 있는 것은, 단지 그가 기

---

11   코란 74, 42-47
12   코란 32, 2

록한 것이 진리라고 끊임없이 주장하는 일이다. 그러나 단순히 그것만
으로 충분하지는 않다. 코란에 묘사되듯이, 신이《기쁨에 넘치는 낙원》
을 약속했다면, 그것은《진리 안에 있는 신의 약속》[13]이라는 것을 뜻한
다. 이런 점은 곧바로 다음과 같은 반복으로 이어진다:《진정으로, 신
의 약속은 진리이다》.[14] 이렇게 많은《진정으로》,《진리》라는 표현이 의
심받지 않을 수 있는 것은,《신의 사자》가, 자신을 납득시키는 신의 "인
간을 향한 표명"(demonstratio ad hominem)〉에 힘입어,《신은 진리이
다》[15]라는 사실을 확신하기 때문이다.

신을 믿는 자에게 절대적으로 전제되고 있는 것은, 신이 진리라는 사
실이다. 모든 의심으로부터 벗어난 신뢰라는 의미를 갖는 믿음이 가능
하려면, 그것은 신과 신에 대한 신뢰(히브리어로 emeth)가 일치한다는
것에서 출발해야 한다. 신뢰에 해당하는 히브리 단어는 진리라는 의미
를 지닌다.[16] 신에 대한 모든 믿음 안에서 신의 진리를 인식론적으로 접
근할 수 없는 것은 당연하다. 그러나 신의 말씀이라고 믿어지는 모든
말씀은 그 자체로 진리이다. 따라서 코란의 각각의 장들이 보여 주고
있듯이, 신자들에게 코란을 가르치기 위해서 필요한 것은 진리를 입으
로 부르고, 반복적으로 행하도록 하는 것이다. 이를 통해 믿음의 민족
이 갖게 되는 이해 역시 정당화된다. 이슬람교 신자들에게 코란의 말씀
이 힘이 있는 이유는, 그것이 신의 입에 근거하고 있기 때문이다. 따라
서 그 말씀은 정언명령적인 호소력을 갖는 다.[17] 그런데 그 논리의 근거

---

13 코란 31. 9
14 코란, 31, 33, 35, 5 외 많은 곳(et alibi)
15 코란 31, 30
16 참조. 예레미야서 10장 10절: 신의 신뢰성은 신의 항존성, 그리고 영원한 생명성
을 포함한다.
17 베른하르트 우데, 『이슬람교』, in: 베른하르트 우데(편집자), 『성서와 종교들, 종

는 이미 앞서 전제된 것을 다시 설명하는 것에 불과하다. 만약 인간들이 자신들을 도와줄지도 모른다고 생각해 유일신 대신에 다양한 신들과 한편이 된다면, 인간들은《자신들에게 아무런 변호도 해 줄 수 없는 신들을 받아들이고 있는 것이다》. 왜냐하면 그 신들은 유일신의 공격에 저항하기 위한 아무런 능력도 갖고 있지 못하기 때문이다.[18] 이에 대한 확실한 주장은 다음과 같다.

> 그대들은 바다 위로 배들이 항해하는 것이 신의 은총 때문이라는 것을 보지 못하는가?[19]

자신들의 눈에 보이는 모든 것을 신의 능력과 은총, 자비, 정의에 의해 벌어지는 것이라고, 신자들이 생각한다면, 그것은 그들의 '내적 조망의 시문학'에 힘입은 것이다. 그들이 보아야 하는 것, 그 자체는 그들에게 아무것도 제공하지 않는다. 그러나 그들의 눈이 그것을 다르게 인지한다면, 그들은(신자들은) 그 자체 외에 다른 것도 보는 것이다.

> 왜냐하면 신의 보이지 않는 존재, 즉 그의 영원한 능력과 신성은, 만약 사람들이 그것을 올바로 인지한다면, 그가 세계를 창조한 이래 그의 작품들을 통해 알려져 왔기 때문이다.[20]

눈이 골짜기와 구릉을 향하고, 더 나아가 그것을 넘어 태양과 달을 향

하더라도, 그 모든 것이 신의 작품이라는 믿음이 전제되지 않는다면, 그것들이 신의 작품이라는 것을 알 수는 없다. 창조는 철저하게 시문학적-종교적인 표상일 뿐이며, 그것은 시각적으로 인지될 수 있는 것도, 논증적으로 추론될 수 있는 것도 아니다. 그 표상은 이미 세계의 아름다움과 질서, 세계에 대한 긍정, 그리고 세계 안에 살아가는 현존재들에 대한 긍정의 의미를 전제하고 있다. 코란은 자신의 올바름을 증명하기 위해 논증이나 증거를 들이대는 대신, ―마치 과거에 있었던 단 한 번의 성공만으로 그 종교(이슬람교)가 유일하게 올바른 종교라는 것이 모든 사람에게 알려졌다는 것처럼 ― 진리나 경고, 위협을 반복적으로 요구한다. 이슬람교의 믿음은 근거를 통한 입증이나, 추상적인 사상의 과정을 요구하지 않는다. 단지 신뢰와 헌신적인 복종, 이것만이 믿음의 확실성과 내적인 믿음의 감정을 입증해 준다. 권장하고 명령하는 방식을 통해 믿음은, 믿는 자들이 살아가는 동안 그들에게 절대적으로 확실한 버팀목을 제공하며, 그들이 자신도 모르게 넘지 말아야 할 선을 위반하려고 할 때, 그의 삶의 태도에 차단목을 제공한다. 《좋게 행동하는 자》에게 요구되는 것은 본질적으로 다음 세 가지, 즉 계명을 수행하는 일, 가난한 자에게 구호품을 제공하는 일, 저 세상의 존재를 확신하는 일이다. 이에 상응하는 세 가지 훈련은 1) 하루 동안 무릎 꿇고 절하기 2) 순수하고 고유한 열망으로부터 자선을 베푸는 태도, 3) 그가 사는 동안 맛볼 수 없는 기쁨의 장소(저 세상)를 추구하면서, 감각적인 현세적 삶을 살아가는 일이다. 이러한 섭생적, 사회적, 도덕적인 훈련을 통해 이슬람교를 믿는 자들은 사회공동체에 유용한 자들이 될뿐 아니라, 그 종교가 요구하는 제국주의적 힘에 이바지 할 수 있는 자들이 되는 것이다.

인간은 원래 무에 불과하기 때문에, 스스로 부끄러워하고 겸손해야 한다는 주장은 코란을 믿는 자들에게는 해당되지 않는다. 그들에게는 역사 이전의 죄에 대한 이야기는 없다. 따라서 그들은 — 신이 보낸 — 신적인 구원자를 필요로 하지 않는다. 물론 그들도 스스로 죄책을 느끼지만, 그들에게 중요한 것은 바로 현세적 삶이다. 물질적인 벌과 같은 위협에 근거한 보상 체계가 작동하기 위해서는, 무엇보다도 그들은 믿고 또 믿어야 한다. 즉 그들은 언제라도 스스로 신의 의지에 복종해야 하며, 그들에게 약속된 천국의 기쁨을 마음속에 간직해야 한다. 따라서 이슬람교를 믿는 자들의 경우, 그들은 자신이 정당하다는 것을 스스로 입증할 필요는 없는 것이다.

5장

바울

I

바울의 믿음의 세계는 의로움의 세계이다. 이 세계의 고유성은 이 세계에 고유한 의로움에 의해 결정적으로 이해된다. 의로움은 법적인 느낌과는 무관하며, 더 나아가 합법성이나 법적 인증에 대한 표상, 그리고 법적 실천과도 상응하지 않는다. 이 모든 것과 달리, 바울의 의로움은 단지 절대적인 의로움으로 이해되거나, 그렇지 않거나에 달려 있다.

바울이 주장하려는 사유거리는 항상 명확한 숙고에 따른 것이며, 따라서 단순하기도 하다. 그 내용은, 신은 의롭다는 것이다. 인간은, 단지 그가 의로운 신을 믿을 때, 의로워진다.[1] 따라서 믿음의 세계에는 두 종류의 거주민, 즉 믿는 자와, 그들이 믿는 신이 있다. 이 두 세계를 연결하는 끈은 믿음이다. 그렇다면 무엇을 믿는가? 바로 신의 의로움이다!

---

[1] 마르틴 하이데거, 『언어에로의 도상』, Pfullingen 1959, 32쪽 "죽을 존재가 말을 하는 것은, 단지 그가 … 언어에 상응할 때이다", 254쪽: "언어가 말을 한다"; "우리는 언어가 말하는 것을 듣는다".

신을 부정하는 자(atheos, asebes)[2]는 불의한 자(adikos)[3]이다. 신자들이 믿는 신을 통해서, 그 신을 믿지 않는 자는 불의한 자로 규정된다. 그런데 이렇게 규정하는 데에 신자들은 필연적으로 조력자 역할을 한다.

> 왜냐하면 신의 의로우심이 복음서 안에 계시되었기 때문입니다. 그것은 믿음으로부터 믿음에 이르는 것입니다.[4]

신의 의로우심은 믿음 안에서 살아가는 인간에 의해 살아 움직인다. 그리스도의 복음에 대한 믿음과, 그 기쁜 소식에 대한 신뢰는 신의 의로우심의 근원이다. 이와 마찬가지로 의로우심에 대한 믿음은 믿음의 목적이기도 하다. 절대적인 의로움의 세계로서 믿음의 세계는 자체 안에서 순환하는 세계이다.

II

기쁜 소식에 대한 신뢰는 우연히 나타나는 것이 아니다. 그것은 인간이 마음대로 할 수 있는 것이 아니다. 오히려 인간은 기쁜 소식의 말을 듣고, 그것을 잘 알게 되고, 그것을 신뢰하게 되는 것이다. 예를 들어 인간은 그것이 자신에게 유용한지, 그것을 이용할 수 있는지 시험해 볼

---

2   에베소서 2장 12절에는, 신을 부정했던 그리스도인들을 비방하면서, 그들을《이방인》으로 취급한 내용이 들어 있다.
3   고린도전서 6장 9절
4   로마서 1장 17절. 공동 번역본

수 없다. 기쁜 소식을 받아들일지, 혹은 아닌지가 인간의 뜻에 따른 것
이 아니라면, 그것이 인간의 자유에 의한 것이 아니라는 점은 이해할
만하다. 그런데, 만약 인간이 순종과 불순종 사이에서 스스로 결정해야
한다면, 즉 인간이 신 앞에서 예와 아니오를 스스로 선택해야 한다면,
그러한 자유는 무엇을 의미하는가? 영원한 저주를 향한 자유, 그러한
자유는 본래적인 자유일 수 없다. 신을 거역하는 결정, 조심스럽게 말
해서, 자기 자신을 거역하는 결정, 이러한 불순종은 단지 처벌되어야
할 것에 불과하다. 믿음의 관점에서 볼 때, 자신의 자유를 사용한다는
것은 대단해 보이지만, 그것은 광채처럼 보이는 헛것에 불과하다.

　따라서 루터는《그리스도인의 자유》를 궁극적으로 믿음 안에 있는
것, 믿음과 더불어 신 안에 있는 것이라고 해석하고 있다:

> 믿음을 통해 그리스도인은 자신을 넘어 신에게로 향하며, 사랑을 통해 다시
> 그는 신으로부터 내려오지만, 그는 항상 신의 사랑 안에 머무는 것입니다 …
> 보시오. 이것이 올바른, 정신적인, 그리스도교적인 자유이며, 그것은 모든
> 죄과 율법, 계명으로부터 자유롭게 하는 자유이고, 하늘이 대지보다 높듯이,
> 모든 다른 자유를 능가하는 자유입니다.[5]

2012년 바티칸에서 열린 믿음론에 대한 추기경 회합에서 그리스도인
의 자유와 구원의 관계를 다음과 같이 요약한다:

> 신의 자녀들의 자유는 믿음을 통해 신께 순종할 때 완성된다.[6]

5　마르틴 루터, 『그리스도인의 자유에 대하여』, in: 루터, 『저작선집』 1권(카린 보른
캄/ 게르하르트 에벨링 출판), 2판, 프랑크푸르트, 1983, 263쪽
6　2012년 7월 28/29일자 「남부독일 신문」

바울은 믿음 외에 다른 관점을 허락하지 않는다. 그에게 불신앙은 자율적으로 가능한 태도가 아니라, 단지 순수한 결핍에 불과하다.[7] 예를 들어 예수를 따르는 것이 자신에게 무슨 이익이 되는지 베드로가 예수에게 질문하고 있더라도,[8] 바울에 의하면 신자들에게는, 마치 믿음의 삶 외에 자신의 고유한 삶이 따로 존재하는 것처럼 자신의 삶을 실행할 수 있는 기회는 주어지지 않는 것이다.

이성의 관점에서 예견되는 자율적 개체는 — 그는 자신이 우주적인 이성적 도덕을 실행하기 원하는지, 그렇지 않은지 질문해야 한다 (비록 이성적인 것의 심장이라고 칸트가 명명한 정언명령이 실행 불가능한 것이라는 점이 밝혀졌지만) — 그 자체로 시문학적인 역사드라마에 속하지 않는다. 자율적 개체라는 개념은 도덕적으로 너무 단순하게 생각한 것이다. 이에 반해 바울의 경우 신자들은 순종과 불순종 사이에서 결단해야 하는 자이며, 태초부터 이미 죄인으로 판정받은 자이다. 그들은 이미 불신앙과 불순종에 속한 인간이다. 신을 거역한 최초의 행위인 아담의 죄에 참여한 자로서, 그들 앞에는 예수 그리스도에 대한 믿음을 통해 모든 인간의 원죄로부터 구원받을 것인지, 혹은 아닌지 갈림길이 놓여 있는 것이다. 이성의 선택 능력을 주장하는 철학자는, 칸트가 주

---

7   이와 반대로 투겐트하트는, 만약 개별적 인간이 우주적인 도덕적 공동체에 속하기를 원하는지, 그렇지 않은지 스스로 질문해야 한다는 것을 안다면, 그는 자율적 인간이라고 주장한다. (에른스트 투겐트하트, 『윤리학 강의』, 2판, 프랑크푸르트, 1994, 5째 강의《동의할 만한 도덕개념》). 그런데 이러한 공동체에 속하면서, 동시에 칸트적 의미에서, 순종을 요구하는 정언명령적 이성도 존재할 수 있다. 그러나 그때 순종하는 자는, 한편으로는, 그 명령에 관여하는 것이지만, 다른 한편으로 그는 —투겐트하트에 따르면 — 처음으로 자신의《고유한 행복》을 실행해야 하는 자이기도 하다. 그렇다면 그는 우주적인 공동체로의 도약이 그에게 실제로 좋은 것을 약속하는지, 명료하게 알아야 한다.

8   마태복음 19장 27절

장하는 것과 같이, 선택해야 하는 인간의 입장이 《자기 책임에 의한 미
성숙성》 때문이라고 보지 않는다. 왜냐하면 이러한 주장은 인간의 자
율성에 대한 의심을 포함하고 있기 때문이다. 그 대신에 철학자들은,
어쩌면 인간의 고귀함의 가능성을 해칠 수도 있는 삶까지도 선택하는
인간 자신에게 위임한다. 이와 반대로 바울은, 아담을 통해 원죄에 빠
진 인간들이 영원히 죄 안에 머물도록 그들을 내버려 두지 않는다.

사도들은 자신들이 신의 은총을 입었으며, 모든 사람들로 하여금
《믿음 안에서 순종하는》 자가 되게 하도록 위임받았다고 믿었다.[9] 바울
이 제시하는 믿음은, 그리스도의 명령이지, 사람들이 아무런 재가도 받
지 않고 거부할 수 있는 초대가 아니다. 믿음의 판결의 법에 따라 심판
한다는 의미는, 모든 사람들이 그들의 원상태부터 이미 불순종과 불의
한 자들이라는 점을 전제로 하고 있다는 뜻이다. 즉 그들은 이미 죄인
이고, 신을 거역한 자라는 것이다. 모든 인간들은 근원적으로 죄인이
다. 따라서 구원에의 믿음은 그들이 마음대로 선택할 수 있는 것이 아
니라, 하나의 명령인 것이다.

III

로마서 1장에서 바울은 자신을 그리스도 예수의 종이라고 부르고 있
다. 이것은 가장 엄밀한 믿음 안에서 말한 신중한 표현이다. 그의 믿음
에 대한 이야기가 보여 주고자 하는 것은, 그가 종이었고, 종이고, 종일
것이라는 점이다. 물론 이 이야기는, 만약 그가 '무엇과 누구의 종' 이

---

9   로마서 1장 5절: 16장 26절

었는지에 대한 이해가 결정적으로 변하지 않았다면, 의미 없는 이야기로 그쳤을 것이다.

바울이 제시하고 있는 믿음의 세계에서, 의로움의 구조는 역사 이전 인간적인 불의 위에 놓여 있다. 즉 의로움은 인간의 불의를 통해 근원적으로 작용하기 시작한 것이다. 만약 신을 거역하고 죄에 빠진 인간의 불의가 없었다면, 신의 의로움도 존재하지 않았을 것이다. 그런데 신의 의로움은 신을 믿는 자들로 하여금 그들의 죄성과 불의로부터 해방시키고, 구원에 이르게 한다. 바울이 주장하는 믿음의 역사 전체는 영원으로부터 유효한 신의 구원의 계획 안에 있다. 이를 통해 인간은 신을 거역하는 불의의 종으로부터 신을 향하는 의로움의 종이 되는 것이다.

죄의 종으로 머무는 한, 그는 항상 새로운 불의로 이어지지만, 신적인 의로움에 머무는 한, 그는 구원(hagismos)[10]에 이르게 된다. 정신적-영적으로 수행하는 순종적 믿음은 이제 육체적인 열매로 완성된다. 죄로부터 해방되어, 믿는 자들은 그리스도의 종으로서 육체적인 순결성에 이르러야 한다.

로마서에서 말하고 있는 믿음의 세계는, 순전히 믿음 자체 안에서 자신의 드라마를 실행한다. 원죄, 그리고 그로부터 나타난 인간의 일반적인 노예 상태, 신을 거역해 불의에 이바지하는 노예 상태는 믿음을 필요로 한다. 그러나 믿음이 필요하기 위해서는 이미 믿는 일이 요구된다. 이 드라마의 마지막도 그와 같다. 죄로부터 구원을 받으려면 믿음이 필요하지만, 그 믿음은 구원이 가능하다는 것까지 믿는 믿음을 뜻한다. 인간이 용서받기 위해 요구될 수 있고, 요구되어야 하는 것은, 먼저 그를 죄인이라고 판결하는 일이다.

---

10   로마서 6장 16-22절

IV

예수를 메시아로 믿지 않는 자의 경우, 신을 거역한 그의 태도가 왜 용서받아야 하는 것인지 스스로 알지 못한다면, 그에게 불신앙이라는 표현은 정당화될 수 없을 것이다.[11] 이러한 주장은 그리스도교 믿음의 세계의 시각에서 볼 때, 옳은 것이다. 믿음의 대상인 신을 이해하고, 그 신에 대하여 확신하더라도 믿음을 실행하지 못한다면, 그것은 설득력이 없으며, 내용적으로도 옳지 않은 것이다. 이 경우 믿음의 정신은 그 자체로 모순에 빠진 것처럼 보일 수 있다. 이에 반해 바울은, 아담과 함께 죄에 빠진 자는 예수와 함께 구원받아야 한다고 주장한다. 이 말은 그리스도인에게 모든 것을 뜻하며, 그것은 인류에게도 해당된다: 죽음을 의미하는 죄로부터 돌아서는 것과, 영원한 생명을 의미하는 믿음에로 향하는 것은 동일한 것이며, 믿는 자가 반드시 행해야 하는 일이다.

그리스도에 대한 믿음의 드라마에서 바울은 원래 두 명의 주연배우를 알고 있다. 그들은 아담과 예수이다. 따라서 전체적으로 볼 때, 인간이 이 드라마에 휩쓸려 들어가는 것은 단지 부수적인 것처럼 보이기도 한다. 이러한 읽기 방식을 우리는 로마서 5장 16절-19절에 대한 루터의 주석에서 볼 수 있다:

아담의 놀라운 죄와 더불어 우리도/ 우리의 죄로 인해 파멸에 이르렀습니다. 그런데 그리스도의 놀라운 은총과 더불어/ 우리의 노력도/ 축복받게 되었습니다.

---

11   로마서 1장 20절; 2장 1절

우리 없이 ― 우리의 타락과 우리의 축복이라는 가장 본질적인 일은
'우리 없이' 일어난다. 그런데 루터는 곧 바로《우리 없이》를《우리의
죄로 인해》라고 수정한다. 그는 아담의 죄가《우리들의 고유한 죄》가
되었고, 마찬가지로《그리스도의 의로움》이 우리들의 고유한 의로움이
되었다는 표현을 추가하고 있다.《고유한》이란 표현. 아담의 죄인 원죄
가 우리의 고유한 죄가 되었듯이, 그리스도의 은총을 통해 그리스도의
의로움이 우리의 고유한 의로움으로 되었다는 것이다: 우리는 아담을
통해 죄인이 되었다. 그러나 우리가 과거에 죄인이었던 이유는, 현재
그리스도를 통해 축복을 받았기 때문이다. 그리스도에 대한 믿음의 드
라마는 전체적으로 우리를 고발하고 있다. 그런데 우리 역시 그 드라마
의 주요 배우이기도 하다. 왜냐하면 이 모든 것이 우리에게 벌어진 일
이기 때문이다. 물론 우리는 주인공은 아니다. 그러나 우리는 우리 자
신에게 일어난 일을 해결해야 한다. 말하자면 아담을 통해 모든 인간이
불순종과 불의에 빠졌기 때문에, 이러한 불순종과 불의로부터 인간을
구해 줄, 인간을 넘어서는 능력이 요구된다. 그리고 이제 그리스도에
대한 믿음 안에서 인간은 순종과 의로운 자가 된다. 이와 더불어 모든
인간에 대하여, 의롭다는 언명이 주어지는 것이다:

이렇게 한 분의 의로움을 통해 모든 인간에게 의로운 삶이 시작되었습니다.[12]

그리스도를 믿는 자들의 삶은 놀랍게도 의로운 삶이라고 인정받게 된
다. 그것은, 그가 그리스도를 믿고 순종하는 것이 그리스도의 은총에
의한 것임을 믿는 일에서 시작된다. 이때 믿는 자들 자신은 이해하지

---

12   로마서 5장 18절 루터 번역본

못하더라도, 그들의 의로운 삶을 위해 필요한 것이 바로 믿음이라는 사실을 말하고 있는 것이다. 이때 핵심이 되는 것은 바로 '삶'이라는 표현이다: 의롭다는 판정과 더불어, 그들은 분열된 채 살아가던 삶으로부터 축복받고 올바른 삶으로 변화되고, 육체적인 삶으로부터 의롭고 구원받은 영적인(pneumatisch) 삶으로 변화되는 것을 이해하게 된다. 이와 반대로 탄생과 성장, 성숙, 생식, 늙음과 죽음에 매달려 있는 자들은, 바울의 믿음의 논리학에 따르면, 의롭다고 정당화될 수 없다. 또한 그리스도를 믿지 않는 자가 스스로를 의로운 자라고 정당화하는 거만을 떨어서도 안 된다. 왜냐하면 그가 자신의 '삶의-존재'를 정당화하는 일은 그의 삶 동안 해결되지 않는 문제로 남기 때문이다.

V

아담과 그리스도 사이에 있는 인간: 바울에게 공로가 있다면, 그가 그리스도와 더불어 종말론적인 종말을 ─즉 그 안에서 시초가 지양되고, 시초가 종말이 되는 그러한 종말 ─설명할 때, 아담과 그리스도 중 누구를 선택하느냐에 따라 믿음의 크기를 측정하고 있다는 점이다. 그것은 영적인 이야기이며, 단지 영적인 것 안에서 이야기는 실현될 수 있는 것이다. 말하자면 그러한 종말을 지금 기다리는 자는 영원히 기다리게 될 것이다. 왜냐하면 그것은 영적인 이야기로서, 시간 안에서 벌어지는 것이 아니라, 믿음의 시문학 안에서 벌어지는 이야기이기 때문이다. 그 이야기는 계속 새로운 시작품으로 지어질 것이다. 그러한 시작품은 이제 그리스도의 재림과 최후 심판으로 나타난다. 두 이야기는 시간과 관계없는 이야기, 즉 영원성 안에서 항상 그리고 이미 벌어지고 있는 이야기이다. 이러한 것을 이해할 수 없다고 누군가 말한다면, 우리는 그에게, 영원성은 순수한 시문학적인 개념일 뿐, 결코 물리적 개념도 아니고, 우리가 매일 경험하는 상식적(bon sens)인 개념도 아니라고 말해야 한다.

바울이 인간의 이야기를 그리스도에 대한 믿음의 이야기로 기획하기 위해 의지하는 자료들이 원죄와 궁극적인 구원이라고 한다면, 그것은 무엇에 근거한 것일까? 이에 대한 대답을 찾기 위해, 우선 우리는 창조론을 참조할 수 있다. 왜냐하면 그리스도를 믿는 자들이 믿고 있는 신과 인간의 관계에 대한 충분조건을 우리는 창조론에서 찾을 수 있기 때문이다. 어떤 경우든 창조론이 그것을 위한 필수 조건이라는 것은 분명하다.

> 그리고 신이 인간을 만드셨다. 그의 형상에 따라 신은 그를(auton) 만드셨다. 그리고 신은 그들을(autous) 남자와 여자로 만드셨다.[13]
> 그때 신은 대지의 흙으로 인간을 지으시고, 그의 코에 생명의 바람을 불어넣으셨다.[14]

그곳으로 인간이 다시 돌아가야 하고, 다시 그것이 되어야 하는 부드러운 질료, 그러한《요소》로부터 인간을 빚어내는 둘째 이야기는(창세기 2장) 창세기 1장보다 더 오래된 이야기이다. 이 이야기에서 묘사되고 있는 생명체의 형성 과정에 의하면, 처음에는 인간의 성별의 차이나 생식의 가능성 대신, 단지 인간에 대한 사유가 이루어지고 있다. 그러나

---

13   창세기 1장 27절: 5장 1절 이하
14   창세기 2장 7절

그 다음에 이 이야기는 놀랍게도 인간 자신이 되기까지 개체발생 과정에서 나타난 남성과 여성의 차이에 대하여 집요하게 해명하고 있다. 이 이야기 안에서 인간은 자신의 고유한 이야기를 하고 있으며, 자기 스스로를 해석하고 있는 것이다. 그리고 이 이야기 속으로 들어가기 위해 그는 최고의 능력과 힘을 지닌 자, 즉 형상을 만드는 예술가에 필적하는 창조자를 요구하고 있다. 그는 모든 것에 생명을 부여하고, 죽은 것을 다시 살게 할 수 있는 능력자, 즉 진정한 생명의 능력자로 드러나고 있다.

인간이 창조되는 것과 동시에 신과 인간의 차이가 시작되고, 이러한 차이의 드라마에 근거한 유일신 종교가 시작된다. 인간을 창조한 신에 대한 시를 지으면서부터, 인간의 현세적 실존을 전 인류의 실존으로 드라마화할 수 있는 근거가 주어진다. 최고의 창조 능력자를 통해 첫 번째 인간이 창조되었다는 시문학과 더불어, 자신의 이야기를 말하는 인간은, 이미 인류에 대하여 묘사하고 있는 모든 비극과 희극을 능가하게 된다. 인간 사이에서, 인간 안에서 진행되고 있는 이야기는 진정한 첫 번째 인간과, 진정한 마지막 인간을 놓치지 않는다. 낙원에서의 아담과 종말론적인 그리스도는, 모든 시간과 공간을 넘어서는 드라마를 인간으로부터 시작하기 위해 반드시 지불해야만 하는 존재 방식이다. 이미 유대인의 토라 안에는, 인간의 첫 번째 중요 행위가 자신을 창조한 신에 대한 거역이라는 이야기가 정당한 것으로 여겨지고 있다. 단지 이러한 방식을 통해 인간과 신의 관계는 이야기가 되고 드라마가 되는 것이다. 그런데 바울이 창세기를 읽는 방식이나 그것을 그리스도의 사명과 연결시키고 있는 점은 유대교적인 믿음의 내용을 능가하며, 영향사적으로 볼 때 중요한 결과들로 이어진다. 이제는 유한한 삶의 비참함 대신 인간의 '죄의 성향'이 전면에 놓이게 된다. 그런데 바울이 말하는 '죄의 성향'은 신의 율법을 위반할 때 나타나는 복수적인 죄들이 아니라, 단수적 죄를 뜻한다. 이제 인간이란 존재의 죄 자체가 시야에 들어오게 되며, 이를 통해 인간은 인간 자신이 되며, 신의 형벌을 통해 인간의 이야기는 시작된다. 신의 형벌은, 탄생, 시간성, 육체성, 성적 존재, 유한성, 죽음으로 특징지어지는 생명 자체에 주어진 형벌을 뜻한다. 민족적인 메시아를 기대하는 유대교 믿음의 경우, 삶의 비참함을 주어진 것으로 받아들이면서, 죄에 대한 의식 없이 죽어 가는데 반해, 그리스도교 믿음 안에서 중요한 것은 실제적으로 형벌로부터 사면받는 일, 더 정확히 말하면 전적으로 다른 삶을 통해, 인간이 살아가야 하는 삶으로부터 구원되는 일이다. 그 삶은 《육체적으로》(en sarki)[15] 살아가는 삶이 아니라, 생명 자체로(en heauto)[16] 살아가는 삶을 뜻한다. 하이데거의 용어를 따라 신약성서학자 불트만은, 그러한 삶을 《본래적인 삶》[17]이라고 명명하고 있다. 그러한 삶은 불변성과 불멸성, 즉 신적인 삶이라는 특징을 갖는다.

역사의 시초에 신에게 거역했던 행위로 인해 인간이 짊어지게 된 죄의 삶은, 이제 신의 은총에 의해 의롭다고 용서되며, 종말의 때에 신과 인간의 차이는 지양된다. 신의 의로움과 은총에 대한 믿음을 다루고 있는 드라마의 이야기는 이렇게 끝난다. 죄로부터 구원받은 인간은 신과 같이 살아간다. 자기 자신에 대한 모든 불만은 이제 불가능하다. 왜냐하면 그것은 신에 대한 모독을 뜻할 수 있기 때문이다. 그런데 놀라운 것은, 이러한 종교를 믿는 자들은 그들의 종교적 시문학을 결코 시문학이 아니라고 확신하고 있다는 점이다.

---

15   갈라디아서 2장 20절

16   요한복음 5장 26절

17   루돌프 불트만, 『zao(造)에 대하여』, in: 『신약성서를 위한 신학사전』 2권 (게르하르트 키텔 편집), 제 1판 재판 본 1935, 슈투트가르트 1954, 864쪽

6장

마르틴 하이데거:
《근원적인 죄책존재》

I

인간 현존재가 실존하는 한, 인간은《근원적으로》, 그리고《항상》죄책
에 사로잡혀 있다. 하이데거는 그의 주저『존재와 시간』(1927)에서 전
개한 존재론적 해석에서 죄책존재에 대하여 말하고 있다. 그가 말하는
죄는 누구도 스스로 떠맡은 것은 아니지만, 동시에 누구도, 즉 어느 인
간이나 인류 전체도 그것으로부터 벗어날 수 없는 것이다. 그는 인간의
순수한 존재 본질을 "현존재"라고 부른다. 현존재는《순수한 존재에 대
한 표현》[1]으로서, 모든 실제적인 내용을 고려하지 않는다. 이것은《실
존론적인 유아론》[2]을 기획하기 위한 필수적인 전제이며, 이러한 유아
론 위에《죄책》과《죄책적인》에 대한 해석이 근거하고 있는 것이다.

  물론 현존재의 존재 방식인 실존에는《현사실적 구체성》[3]으로서 '내

---

1   마르틴 하이데거, 『존재와 시간』, 18판, 튀빙겐 2001, 12쪽
2   마르틴 하이데거, 『존재와 시간』, 188쪽
3   마르틴 하이데거, 『존재와 시간』을 이해하기 위해서는, 19928년 여름 학기 강의 10

용-존재'가 포함되기는 한다. 그런데 현존재의 존재 방식에 대한《형식적, 실존론적 규정》[4]은 실제적으로 존재(Existieren)하는 내용이 아니라, 가능존재(존재할 수 있음)를 가리킨다. 그것은 구체적인 것으로부터 추상적인 것으로의 전환이 아니라,《현사실적인 것》으로부터《본래적으로》구체적인 것으로의 전환을 뜻한다.[5] 엄밀하게 말하면, 현존재의 존재라는 표현의 의미는《자신이 존재하며, 존재해야 한다는 사실》과 다르지 않다는 것을 알 수 있다. 오직 이런 의미에서 실존론적으로 이해된 '단지 자기 자신만'(solus ipse)이란 표현은 절대적으로 고립되고, 절대적으로 중성화된 자기 자신을 뜻하는 것이다. 이때 고립이란 표현은 실천적인 삶으로부터 격리되는 것을 뜻하지 않는다. 오히려 그것은 단지 형식적인 규정으로서, 현존재는 전적으로 자신을 스스로 기투하고, 스스로에게 맡겨져 있고, 스스로에게 위임된 존재라는 것을 뜻한다. 그런데 이러한 점이 가능한 것은, 현존재가 남성도 여성도 아니며, 젊은이나 노인도 아니고, 종교적이거나 비종교적인 것도 아니라, 모든 면에서 단지 중성적인(neutral) 존재이기 때문이다.

차갑지도 뜨겁지도 않고 미지근한 것은 좋지 않다.[6] 그런데 극단적으로 개체화된 현존재의 자기(Selbst)는, 그 존재에 있어 가능존재이다. 그것이《근원적으로》구체적인 것[7]이 될 때, 현존재의《내적인 가능

장, 11장이 중요하다: 마르틴 하이데거,『라이프니츠를 통해 본 논리학의 형이상학적, 시원적 근거들』, 전집 26, 프랑크푸르트 1978
4 마르틴 하이데거,『존재와 시간』, 285쪽, 참조 283쪽: "형식적 실존적인 이념"
5 마르틴 하이데거,『라이프니츠를 통해 본 논리학의 형이상학적, 시원적 근거들』, 173쪽
6 요한 계시록 3장 16절
7 마르틴 하이데거,『라이프니츠를 통해 본 논리학의 형이상학적, 시원적 근거들』, 173-177쪽

성》이 나타나게 된다. 이러한 《내적인 가능성》 안에서 이것(예: 차가운 것)도 저것(예: 뜨거운 것)도 모두 부정하는 형식 규정을, 이제 이것과 저것 모두 안에서 자신의 근거를 발견하게 되는 것이다. '이것도 저것 도 아니라는 것'(Ne-utrum)은, 실존론적인 이해에 따르면, '이것도 저것도 모두'(Uter-que)를 뜻한다. 따라서 현존재는, 단순히 사유의 가능성이란 의미에서가 아니라, 근원적인 《본질의 능력과 힘》[8]이란 의 미에서, 남성이자 여성이고, 젊은이면서 노인이고, 종교적이면서 비종 교적일 수 있다. 하이데거는 아담에 대한 고대 페르시아적인 해석을 차 용하고 있는데, 이 해석에 의하면 모든 인간에게 본질적인 것은 근원적 인간인 아담 안에 이미 들어 있다는 것이다. 따라서 아담의 이야기는 남성적인 것과 여성적인 것 모두와 더불어 시작되고 있는 셈이다. 이런 일은 하이데거의 형이상학에서도 뚜렷하게 나타나고 있다. 따라서 《자 신이 존재하며, 존재해야 한다는 사실》이란 개념은, 그것이 모든 실천 적인 삶의 내용을 갖지 않는다는 이유 때문에 (내용적으로) 빈곤한 개 념으로 이해되어서는 안 된다. 반대로 하이데거가 실존론적 분석을 통 해 제시하려는 본질적인 내용의 진정한 풍요로움을 향해 시야를 좁히 는 일이 필요하다.

그런데 현존재가 자신의 "존재해야 함"이라는 존재 전체를 떠맡아야 한다면, 여기서 "존재 전체"라는 표현은 먹고 마시고 사랑하고 미워하 고 믿고 의심하는 일이나, 사교적인 모임과 같은 것을 뜻하지 않는다. 오히려 현존재의 존재는 절대적으로 개별화된 존재이거나, 혹은 아무 것도 아니거나 둘 중 하나이다. 실존론적으로 규정된 존재에 주어진

---

8 마르틴 하이데거, 『라이프니츠를 통해 본 논리학의 형이상학적, 시원적 근거들』, 172쪽

'가능성'이란 표현은 '본래적으로 존재할 수 있음'의 방식으로 이해되어야 한다. 이때 중요한 것은 본래적인 구체성이지, 현사실적인 구체성이 아니라는 점이다. 본질적으로 이렇게 이해된 '가능존재'가 '이러 저러한 현사실적인 존재'보다 선행하는 것이다. 남성으로서, 혹은 여성으로서 현존재라는 표현은, 하이데거에 의하면, 《분열과 분산》[9]을 뜻할 뿐이다. 삶과 관련된 모든 함의(含意)들은 극단적인 실존론적 개별화와 대립된다. 이와 같이 본래적인 "존재할 수 있음"은 무엇보다도 《자신이 존재하고, 존재해야 한다는 사실》을 넘겨받는 일 안에 있다. 그렇다고 이것이 모든 것은 아니다. 왜냐하면 《자신이 존재하고, 존재해야 한다는 사실》을 본래적으로 넘겨받는 일 안에는 비존재, 즉 자신에 고유한 불가능성에 대한 이해도 포함되어 있기 때문이다. 현존재가 '더 이상' 현존재로서 존재하지 않을 수도 있다는 점은, 그의 본래적인 "할 수 있음"에 속한다. 언제나 시간은 비규정적이며, '더-이상-이전의-시간이 아닌 곳'으로 《흘러가고》, 결국엔 '더-이상-존재하지' 않게 《된다》. 이때 "존재할 수 있음"이라는 실존론적인 이해는 '더-이상-존재하지-않음'을 자신의 가능존재로서 해석한다. 왜냐하면 그것 역시 현존재가 넘겨받아야 할 자신의 고유한 존재이기 때문이다. 따라서 하이데거에게 가장 중요한 것은, 이러한 "가능적 존재", 즉 《가장 고유한 본래적인 가능성》에 놓여 있는 것이다.[10] 이때 '더-이상-존재할 수-없음'은 현존재가 추월할 수 없는 자신의 "존재-할 수-있음"이 되는 것이다.

---

9   마르틴 하이데거, 『라이프니츠를 통해 본 논리학의 형이상학적, 시원적 근거들』, 173쪽 이하
10   마르틴 하이데거, 『존재와 시간』 302쪽에 있는 표현

II

안티고네는 크레온에게 《나는 서로의 미움을 위해서가 아니라, 서로의
사랑을 위해서 여기에 존재합니다》[11]라고 대답했다면, 하이데거의 경
우 현존재는, 이상한 표현처럼 들리지만, 《나는 더-이상-여기에-존재
하지-않기 위해, 여기에 존재한다》라고 말한다. "존재할 수 있음"의 방
식으로 존재하는 현존재는 동시에 《나는 더-이상-여기에-존재할 수-
없음》이라는 방식의 "존재할 수 있음"으로 존재한다. 그러나 이런 표현
은, "죽을 수 있음"이 곧 삶의 과제라는 것을 뜻하는 것은 아니다. 철학
자로서 하이데거는 실천적인 삶의 제안들에 대하여 아무것도 다루지
않는다. 단지 아주 특별한 경우 그에게 철학적인 것과 실천적인 삶이
하나가 된 적이 있었다. 그것은 심하게 다쳐 병원에 가는 학생에게, 그
가 《이제 철학은 실천적인 것이 되어야 한다》고 편지를 썼을 때이다.
《더-이상-여기에-존재할 수-없음》이 가장 고유하고 본래적인 "존재
할 수 있음"이라는 점을 고려한다면, 다음과 같은 질문이 떠 오른다.
즉 자신이 《존재하고, 존재해야 한다는 사실》 안에서 자신의 고유한 본
래성을 "더-이상-여기에-존재하지 않음"에 근거해 이해하고 기투해
야 하는 현존재, 그것도 극단적으로 개별화되고, 격리되고 중성화된 현
존재의 경우, 그 존재는 어느 정도까지 근원적이고 항구적인 죄책존재
인가? 라는 점이다. 이에 대한 대답은 《무화》(Nichtigkeit)에 대한 사상
과 연결된다.

　생명체는 탄생한다. 하이데거가 말하고 있듯이, 현존재는 던져진 존
재이다. '자신이 존재하며, 존재해야 한다는 사실'을 인간존재가 인식

11　소포클레스, 『안티고네』 523l; outoi synechthein, alla symphilein ephyn

할 때, 그는 자신이 던져진 존재라고 이해하고 있다. 현존재는 자기 마음대로 실존할 수 없다. 그의 실존 자체가 현존재에게 자유롭게 허용되어 있지 않다는 사실은, 그의 던져진 존재가《무화적인 것》으로 이해된다는 것을 뜻한다. 던져진 존재로서 현존재는 자기 자신을 결코 마음대로 지배할 수 없다.[12] 왜냐하면 이러한 '아님'과 무가 그의 존재에 속하기 때문이다. 현존재는 결코 자신의 근거보다 '앞서지' 못하며, 오히려 무와 같은 방식으로 이해되고 있는 그의 근거로부터 존재하는 것이다. 그럼에도 이와 더불어 현존재의 무화적 특징이 완전히 소진되지는 않는다. 현존재가 어디로 던져졌는지에 대한 규정들이 여러 가지일 수 있지만, 그러나 궁극적으로 현존재는 넘어설 수 없는 무화적 존재 안으로 던져진 것이다. 『존재와 시간』에서 볼 수 있듯이, 현존재가 자신의 실존 안으로, 세계 안으로, 일상인의 공공성 안으로 던져져 있다고 하더라도, 무엇보다도 현존재는 궁극적으로 죽음 안으로 던져진 것이다. 죽음은《현존재의 전적인 무화》[13]이다. 하이데거가 말하고자 하는 것은, '현존재는 자신이 던져지고, 자신을 무화하는《죽음의 근거》라는 표현으로 충분하다.

이 표현으로부터 그럴듯해 보이는 추측들이 가능하지만, 현존재의 존재 방식이 본래적으로 가능존재, '존재할 수 있음'이라는 점을 기억한다면, 그러한 기대는 정당성을 잃게 된다. 물론 하이데거 스스로 오해받을 수 있는 행보를 취하게도 했다. 그의 표현을 문자 그대로 따른다면, 그가 현사실적 가능존재를, '이렇게 혹은 다르게 존재할 수 있는 것', 또는 '존재하거나 존재할 수 없는 것'으로 보고 있다는 식의 오해

---

12   마르틴 하이데거, 『존재와 시간』, 284쪽 이하
13   마르틴 하이데거, 『존재와 시간』, 306쪽

를 살 수 있다. 그러나 그가 말하고자 하는 것은 현사실적 가능성이 아
니라, 단지 실존론적으로 규정된 가능성만을 가리키고 있는 것이다. 따
라서 정확히 말하면, 현존재는 그의 본래적인 '존재할 수 있음'에 있어
서, 죽음에로 던져진 것이 아니라, '죽음에의 존재'에로 던져진 것이
다.[14] 물론 하이데거는,《죽음에 내맡겨진 존재》[15]라는 그리스도교적 죽
음에 대하여 들었을 것이다. 그리스도교에 따르면, 죽음은 부활과 연결
되어 있기 때문에, 그것은 본래적인 죽음이 아니다.『존재와 시간』에서
하이데거는 죄와 부활에 대하여는 알려고 하지 않는다. 그러나 그가 말
하는《죽음에의 존재》라는 생각은 유한한 실존에게는 놀랄 만한 사상
이다. 왜냐하면 그 사상은 실존의 불가능성을 가능성으로 생각하고 있
기 때문이다.

　현존재를 실존론적, 형식적으로 규정할 때 나타나는 결과는, 그때 우
리가 하나의 "자기 존재"를 발견할 수 있다는 점이다. 그러한 자기 존
재는 본래적으로 자신의 무와 직면하고 있는 존재이다: 자기 존재는
자신의 무를 품고 견뎌 내는 존재이다. 자신의 '무화존재'를 무화하는
근거로 받아들이며 존재한다는 것, 즉 자기가 죽음에로 던져진 존재의
근거라고 이해하는 것[16] ― 이 표현들이 말하고자 하는 것은, 현존재는
근원적으로 항상 죄책존재라는 점이다.

14　마르틴 하이데거,『존재와 시간』, 348쪽, 참조 329쪽: 죽음에의 존재 혹은 종말
에의 존재 안에서만《본래적으로 현존재는〈죽음 안으로 던져질〉수 있는. 그러한 존재
자이다》.

15　고린도후서 4장 11절: aei gar memeis hoi zontes eis thanaton paradometha
dia Jesoun. 루터의 번역에 의하면:《Denn wir/ die wir leben/ werden jmerdar in
den Tod gegeben/ umb Jhesus willen》"우리는 살아 있으나 예수를 위하여 항상 죽음
에 우리를 내맡깁니다."

16　마르틴 하이데거,『존재와 시간』, 308쪽

III

성취되지 않은 요구로서 죄책존재는, 재산 관계나 법적 관계의 틀 안에
서 수행하지 못한 결핍으로 이해되어서는 안 된다. 죄책존재에 대한 실
존론적인 해석은 물질적, 법적, 윤리적인 죄와 무관하다. 여기서 말하
고 있는 '아님'(Nicht)은 단지 가능존재라는 현존재의 존재 방식으로
부터 이해되어야 한다: 현존재는 스스로 자기의 현존재로 이끌려진 것
이 아니며,《자신에게 고유한 자기 자신으로 내맡겨진 것도 아니다》.[17]
현존재는 항상 자신의 가능성들보다 부족하다. 왜냐하면 어떠한 가능
성과, 또 다른 가능성이 있다면, 그때마다 하나의 가능성은 부정되어야
하기 때문이다.[18] 이것이 실존론적으로 이해된 '단지 자기 자신만'(so-
lus ipse)의《무화적 특징》(Nichtigkeit)이며, 이것이 현존재를 죄책존
재로 만드는 것이다. 그러나 이것은 어떠한 죄들과도 무관하다. 현존재
자신이 근원적으로 죄책적이라는 것은, 그의 존재를 구성하는 죄책존
재 자체로부터 이해되어야 한다. 즉 현존재가 근원적으로 죄책적이기
때문에, 현존재는 죄책적으로 존재하게 되는 것이다. 이와 같이 그의
죄책존재는 그에게 고유한 '존재할 수 있음'에 속한다.

　하이데거의 경우, 현존재를 규정하는 무화적 특징이, 죄책존재를 규
정하는 것과, 즉 현존재를 죄책존재라고 판결하는 것과 형식적으로 연
결되어 있다면, 우리들은, 왜 하필 유한성이 죄책존재에 대한 질문에서
중요한 역할을 하는가? 라고 비판적으로 질문할 수 있다. 그 대답은 격
리되고 중성화된 현존재의 특징 안에서 찾을 수 있다. 하이데거에게 중

17　마르틴 하이데거, 『존재와 시간』, 284쪽
18　마르틴 하이데거, 『존재와 시간』, 294쪽 이하

요한 것이 《현존재의 가능한 전체존재》이며, 그것이 현존재의 《본래적인 전체존재로 존재할 수 있음》을 목표로 하고 있다면, 전체(ganz)라는 단어를 이해하기 위해서는 ―ganz 라는 단어는 중고 독일어에 의하면 '완전한', '변형되지 않은', '구원적인' 이란 의미를 갖는다 ―단지 현존재의 종말(끝)이 무엇을 의미하는지 참조해야 한다. 하이데거에 의하면 현존재가 전체(ganz)가 되는 것은, 그가 더 이상 거기에(da) 존재하지 않을 때이다. 그러나 실존론적 분석에서 종말은 아직 오지 않은 사실이 아니라, 존재 가능성을 뜻한다. 자신의 실존의 순간에 전체로서(ganz) 존재하기 위해서, 현존재는 종말에의 존재, 즉 죽음에의 존재를 필요로 한다. 이것이 현존재가 자신의 무화 안에서 존재하고, 죄책존재로 존재할 수 있는 유일한 가능성이다.

자신의 '전체존재로 존재할 수 있음' 안에서 현존재의 자기성은, 타자성이나 나이와 무관하다. 남성의 경우 완전한(전체로서) 남성으로 존재할 가능성이 여성이나 다른 남성들과의 교제에 놓여 있고, 환자의 경우 완전한(전체로서) 환자의 가능성이 간병인과 치료자와의 교제에 놓여 있지만, 이와 달리 현존재가 완전하게(전체로서) 존재하기 위해서는 극단적으로 자기 자신과만 관계해야 한다. 현존재의 본래적인 '전체존재로 존재할 수 있음' 을 단지 '죽음에의 존재' ―이것은 《고유한》 죽음, 즉 그 자체로 어떠한 고통이나 슬픔과도 관련되어 있지 않은 죽음으로 이해되어야 한다 ―안에서 찾는다는 것은, 현존재 분석이 최고 형태의 실존론적인 유아론이라는 점을 보여 준다. 바로 이점에 하이데거의 실존철학이 여타의 실존주의적 철학들과 구분될 수 있는 충분한 이유가 있는 것이다. 즉 그가 묻고 있는 것은 현존재가 전체로서 "그곳에(그때에)" 존재할 가능성에 대한 것도 아니고, 구체적이고 현사실적인 실존의 최대 가능성에 대한 것도 아닌 것이다.

IV

현존재로 하여금 자신의 극단적인 개별화에 이르고, 그것을 확신하도록 괴롭히는 것이 양심과 불안이다. 양심의 부름을 통해《현존재의 자기(…) 자기 자신에게로》이끌려질 때[19], 이때 현존재는 자신이 이미 죄책존재임을 기억하게 된다. 하이데거의 양심 개념은 인간 상호 간의 교제에서 드러나는 윤리적인 변호 능력을 뜻하지 않는다. 현존재가 죄책을 갖는 것은 결코 타자에 대하여가 아니라, 단지 자기 자신과의 관계 속에서 죄책존재일 뿐이며, 이것은 멈출 수 없다. 왜냐하면 그것이 현존재의 본질에 속하기 때문이다. 죄책존재가 될 수 있는 가능성과 더불어 항상 죄책존재로 존재한다는 것은, 현존재에게는 자기 자신을 선택할지, 혹은 자기 자신을 선택하지 않을지에 대한 선택의 가능성보다 앞선 일이다. 가장 고유한 '자기로 존재할 수 있음'을 향하게 하는 (양심의) 부름을 듣는다는 것은, 현존재 자신이 가장 고유한 죄책존재라는 것을 이해하는 것이다.

　현존재에게 있어 가장 순수한 양심의 소리를 들을 수 있는 장소가 어디인지 파악하려고 한다면, 그 장소는 단지 절대적으로 낯선 곳, 즉 모든 형태의 '고향적인 것'이 부재하는 곳이라고 불릴 수 있다. 하이데거는 섬뜩함(Unheimlichkeit)에 대하여 말하는데, 그것은《고향 같지 않은 것》을 뜻한다. 그런데 이러한 섬뜩함을 경험하고 발견하게 하는 것이 불안이다. 불안 안에서는 누군가가(einem) 어떤 것(es)에 의해《섬뜩해》진다. 그는 의지할 것이 아무것도 없다는 것을 알게 된다. 발 디딜 곳이 사라지고, 모든 것은 떠돌게 된다. 이런 의미에서 하이데거는

19　마르틴 하이데거, 『존재와 시간』, 273쪽

현존재의 《근본적인 존재 상태》(Grundbefindlichkeit)를 불안 안에서
인식하고 있는 것이다. 실존철학적으로 형식화된 '단지 자기 자신만'
(solus ipse)에는 기쁨의 정서도 포함된다. 그러나 하이데거가 묘사하
고 있듯이, 그 기쁨은 《냉정하게 만드는》 불안을 수반하는,[20] 《준비된》
기쁨의 경우에만 해당된다. 그 기쁨은 모든 사회적 개별적인 삶으로부
터 벗어난, 즉 그러한 삶으로부터 멀어질 때 얻어지는 기쁨에만 해당된
다. '죽음' 앞에서의 불안은 '죽음에의 존재' 앞에서의 불안이 되며,
그것은 가장 고유한 본래적인 가능성을 포착하려고 할 때 나타나는 불
안이 된다. 이렇게 현존재는 자신의 본래성 안에서 항상 무화적이며,
항상 죄책적이며, 항상 불안 안에 사로잡혀 있다. 무화존재든, 죄책존
재든, 스스로 불안해하는 존재든, 이 모든 것에서 중요한 것은, 현존재
의 가장 고유한 '존재할 수 있음'이다. 따라서 하이데거가 《죽음에의
존재는 본질적으로 불안이다》[21]라고 말할 때, 인간의 본질 존재에 대한
묘사는 완성되는 것이다. 이러한 인간의 본질은 실존론적으로 다음과
같이 규정되고 있다: 현존재는 섬뜩함으로부터 섬뜩함 안으로 불리어
지고, 무화적으로, 즉 무화존재를 근거로 하여 세계의 무 앞으로 세워
지고, 근본적으로 불안을 통해 불안이라는 기분에 사로잡힌다. 왜냐하
면 현존재가 죽음과, 죽음에의 존재에 의해 위협당할 때, 그는 자신이
《존재하며, 존재해야 한다는 사실》을 극단적(in extremis)으로 정당화
시킬 수 있기 때문이다.

20　마르틴 하이데거, 『존재와 시간』, 310쪽
21　마르틴 하이데거, 『존재와 시간』, 266쪽

V

현존재는 스스로 죄책으로부터 면제되거나 벗어날 수 없으며, 그것을
원하지도 않는다. 또한 이를 위해 다른 능력자들이나 자신에게 요구하
지도 않는다. 이러한 '불가능성', '원치 않음', '모든 것으로부터 벗어
남'과 더불어, 현존재가 자신의 현-존재를 스스로 정당화해야 한다는
식의 요구는 정당화될 수 없다. 만약 누군가가 스스로를 정당화하려고
한다면, 그는 자신의 죄를 인정하고, 전제하고 있는 것이다. 그러나 하
이데거의 경우, 하늘이나 지상의 재판관, 이성과 도덕의 법정, 판결하고
유죄를 내리는 모든 방식의 공적인 가치와 같은 것은, 실존하는 현존재
로 하여금 어떠한 행동을 하게 하는 척도가 될 수 없다. 또한 현존재가
자기 자신을 거역하면서, 자신의 현-존재의 정당성을 요구할 수도 없다.
'단지 자기 자신만'(solus ipse)으로서, 현존재의 양심은 순순하게 유아
론적이다. 섬뜩함으로부터 섬뜩함으로 부르는 양심의 부름은 '자기의
부름, 동시에 자기를 부름'(Selbstruf)이다. 그 부름이 현존재를 현존재
자신에게로 불러낼 때, 그 부름은 이미 현존재를 죄책존재, 무화존재로
불러내는 것이다: 말하자면 양심의 부름을 통해 현존재는 죄책존재, 무
화존재가 자신의 존재라는 것을, 그때마다 자신의 존재 안에서 받아들
여야 한다. 현존재는 자신의 근거 "앞"에서가 아니라, 자신의 근거 "로부
터" 존재하며[22], 따라서 근본적으로 자신의 고유한 존재를 마음대로 할
수 없다. 따라서 현존재는 자신의 근거에 대하여 책임을 질 수 없다. 물
론《현존재가 존재하며, 존재해야 한다는 사실》을 넘겨받으면서 현존재
는 '자기부름'을 따를 수 있으며, 그런 한에 있어 그는 양심의 소리를 들

---

22   마르틴 하이데거, 『존재와 시간』, 284쪽

고 있는 것이다. 그렇다고 현존재가 자신의 실존을 완전하게(전체로서) 정당화시킬 수 있는 책임을 다할 수 있는 것은 아니다. 단지 '죽음에의 존재'로서 죽음 안에서만 현존재의 본질에 대한 묘사가 가능하다. 현존 재는 자기 정당화의 필요성이나, 이를 위한 능력의 필요성을 알지 못한 다. 이러한 실존의 존재론의 구성을 외적으로 보면 — 비장한 방식으로 표현하면 — , 그것은 구원을 향한 처절한 외침이라고 볼 수 있다.

이러한 구조를 지닌 현존재 안에서 본래성과 비본래성의 차이가 중 요하게 다뤄진다고 하더라도, 현존재가 스스로를 현-존재로서 정당화 할 수 있는지 여부는 최종적으로 확증되지 않는다.

적어도 이글의 저자인 나와 같이, 하이데거가 『존재와 시간』에서 신 과 종교를 다루고 있지는 않지만 이 책이 비의적이고, 종교적인 열광으 로 쓰여졌다고 보는 사람들은, 현존재 분석에서 나타나는 '격리되고 중성화된, 무화되고 죄책적인, 던져지고, 스스로 불안해하는 자기'라 는 하이데거의 표현이 결코 종교성을 부정하는 것이 아니라는 것을 알 수 있다. 특히 '무화'를 드러내기 위한 다양한 방식의 부정(Nicht)은 존재론자인 하이데거의 의도를 잘 드러내고 있다. 그것은 인간은 신이 아니라는 사실이다. 그렇다고 이 말은, 『존재와 시간』 안에서 하이데거 가 인간존재를 신을 통해 은밀하게 정당화하려고 한다는 의미는 아니 다. 더 나아가 실존론적으로 규정된 자기 안에서 구원에의 외침을 연상 하는 것도 좋지 않다. 왜냐하면 『존재와 시간』의 저자는 이미 여러 곳 에서 역운(Geschick)에 대하여 다루고 있기 때문이다. 그 작품은 "반 복"(Wiederholung)의 필연성에 대한 사상으로 시작된다.[23] 그가 해석

---

23 이 문제에 대한 상세한 해명은 다음을 참조하시오. 라이너 마르텐, 『정신의 극단 성. 하이데거-바울-프루스트』, 38쪽 이하

하고 있는 그리스적 사유와, 그 자신에 의해 묘사되고 있는 독일적 사유는 역운적인 관계로 설정되고 있다. 존재 사유의 시작부터 하이데거는 '사유의 역운', '존재의 역운'의 성취라는 사상을 가지고 작업해 왔다. 따라서 '정당화를 필요로 하지 않고', '정당화할 능력도 없는' 현존재에 대한 묘사들이 가능했던 것이다. 물론 사유와 존재의 역운적 관계, 인간과 신의 역운적 관계는 30년대부터 50년대에 이르는 하이데거의 사상에서 동일하지는 않다. 예를 들어 사유의 경건성을 처음에는 '질문'으로, 다음에는 '들음'으로 규정한 것; '존재의 음성'이라는 생각과 언어를 여주인으로 묘사한 것; 인간을 존재의 목자로 명명한 것; 4방 세계 안에 인간을 위치시킨 것; 명백히 죽을 자와, 명백히 죽지 않는 자; 하늘이 아니라, 대지에서 고향과 같이 머무는 것;《죽음을 죽음으로 죽을 수 있는 것》; 기술과 형이상학의 본질을 역운의 힘이라고 묘사하면서, 이것으로부터 인간의 존재를 구원하기 위해서는 하나의 신이 요구된다고 묘사한 것 ─이 모든 표현들은 종말론적인 역운에 대하여 사유하기 위한《이정표들》이다. 하이데거는 영혼의 구원을 추구하는 개별자를 정당화하려는 것이 아니라, 어떻게 역운적인 과제를 성취할 수 있는지에 대하여 사유하고 있다. 그것은 민족을 옹호하는 사유로 이어진다. 말하자면 그리스 사유를 역운적인 유산으로 부여받은 독일적 사유에 대한 옹호로 이어진다. 마찬가지로 그의 작품에서 볼 수 있는 '마지막 신'은 사유와 존재, 인간과 신의 역운적 관계를 종말론적으로 성취할 수 있는 신으로서, 그 신 역시 민족적으로 규정되고 있다. 선택되고 소명으로 불리어진(ekleton, kleton) 독일적 사유 안에서, 은총에 의해 '정당화된 존재'와 같은 것을 하이데거가 궁극적으로 생각하고 있는지 여부는, 결정되지 않은 채 남아 있다.

7장

칼 바르트:
《죽음에의 병》

I

블레즈 파스칼은 자신의 동시대인들에게 꼭 필요한 것은 그리스도교 신앙이라는 점을 확신시켜 주는 것이 자신이 해야 할 일이라고 여겼다. 그에 의하면, 죄의 짐을 지고 있는 시간적인 삶은 절대적으로 짧다. 죄로부터 벗어나 실제적으로 살아 있는 삶을 살기 위해서는 영원한 삶이 필요하다. 만약 미움이 대지를 지배하고 있다면, 대지 자체를 미워해야 한다. 단지 부활한 구세주가 신의 오른쪽에 앉아있는 하늘 안에서만 사랑은 존재한다.

마르틴 하이데거를 휘몰아대고 있는 것은 《위기를 모르는 위기》이다. 그는 이것을 역운적인 것으로 여겼지만, 이를 위해 무엇을 원하고, 또 무엇을 해야 하는지, 그 자신도 확신할 수 없었다. 이러한 생각의 배후에는 존재역운이라는 사상, 즉 '존재의 떠나감'과 '존재망각'이 지배적이라는 사상이 놓여 있다. 이러한 사상에서 중요한 것은, 모든 사유와 시 짓기는 본래적인 사유와 시 짓기가 되어야 하고, 이를 통해 존재의 진리를 보존하는 데 이바지해야 한다는 것이다.

　이보다 몇 해 전, 30세이던 칼 바르트는 열정적으로 그리스도교 신앙의 위기를 새롭게 받아들였다. 이때 그는 열정이나 논증적인 힘에 있어 파스칼을 능가했다. 그는 자신을 바울과 비교하면서 그 일을 완성하였다. 로마서에서 바울은 강력한 논리로, 그리스도교 복음을 들은 모든 인간은 '마음의 믿음'을 가지고 복음을 따라야 한다는 점을 성공적으로 입증하였다. 마찬가지로 바르트는 자신의 절실한 기도에서 《신이 우리를 보호해 주신다》라고 말하고 있다. 신은 우리를 《천박한 성향으로부터 ─ 물론 대지의 기준으로 본다면 더 이상 바랄 수 없이 좋은 것이겠지만 ─ 보호해 주신다는 것, 말하자면 영원한 파멸로부터 보호해 주신다》는 것이다.[1] 이 세상의 삶에 만족하는 것은, 이 세계의 ─ 신앙적으로 볼 때 ─ 죄로 인한 파멸과 동일한 의미를 지닌다. 이것은 매우 극단적인 영적 해석이다. 즉 자신보다 먼저 나타나고 보존된 영적인 능력으로부터 자신을 파악하고, 그것에 자신을 맡기려는 시도는 무한히 위를 향하며, 궁극적으로는 불가해한 것 자체에 이르게 한다는 것이다.[2]

1　칼 바르트, 『로마서 강해』(첫째판) 1919(헤르만 슈미트 편집), 취리히 1985, 322쪽. 바르트는 19세기 신학자 고트프리트 멩켄을 인용하고 있다. 종교가 필요치 않다는 주장에 대한 강력한 비판은 오늘날까지 남아 있다: 《희망의 원리는 부끄러움도, 범죄도 아니며, 순진한 것도, 총체적인 것도 아니다. 오히려 그것은 한때 존재하는 사물들에 만족하고, 사물들을 옹호한 천박한 이데올로기에 대한 반대 운동이다.》얀 로쓰, 『인간에 대한 변호. 왜 신은 필요한가』, 베를린 2012, 202쪽

2　물론 종교적 극단성 외에, Manes Sperber의 표현을 따르면, 현존하는 관계들 속으로 파멸이라는 《상투적인 문구》를 가져오는 이데올로기적-정치적 극단성도 존재한다. 이때 그는, 항상 《체제》에 대하여 판단하는 극단적인 우파와 극단적인 좌파를 염두에 두고 있다. 예를 들어 바이마르 공화국의 《체제》를 적대적인 모습으로 만든 히틀러가 이에 해당된다. 이데올로기적-정치적 극단성 안에서 사용되는 언어는 매우 총체적인 것으로서, 미세한 차이는 아무런 의미도 지니지 못한다. 1973년 《엘리트적인 요구들》

　20세기 전반부에, 극단적인 영적 해석을 위해 꼭 필요한 것을 두고 종교적-신학적 종말론과 신학적-철학적 종말론이 서로 논쟁하였다. 그것은 전자에게는 그리스도와 함께 하는 《성장》으로, 후자에게는 존재의 파수꾼 역할로 나타났다. 그런데 두 경우 모두, 과거와 현재의 진리는 오직 미래에 속한다는 점에서 일치한다. 다만 그리스도교 신학자들은 무시간적인 미래에 대하여 생각한 반면, 철학자들은 시간 안에 있는 미래를 생각한다는 차이를 보인다. 물론 철학자들이 순수하게 사변적으로 기획하고 보존된 '존재의 시간' 역시 시간의 흐름 속에서 발견되는 시간이 아니라는 점을 그들도 알고 있었다. 영적인 극단성에 감격하고 확신하는 자들의 수를 헤아려 본다면, 신학자들이 철학자들과의 경쟁에서 승리한 것은 분명해 보인다. 그리스도교 신학과 서구 철학이 그들의 역사의 과정에서 서로를 필요로 하고, 서로에게 많은 도움을 주었지만, 그럼에도 서구 사회에서 종말론적으로 조율되고 수행된 문화는 그리스도교가 확고해진 이래, 사유적인 문화보다는 종교적인 문화로 진행되어 왔다. 영적, 시문학적 감수성이 예민한 인간들이 궁극적인 구원자에 동조하고, 그를 역사의 —이 역사의 필연성은 역사 자체로부터 발생한 것임 — 흐름 속에 위치시킨 것은, 사유의 역사보다 믿음의 역사가 만들어 낸 작품이다.

　아담부터 그리스도까지, 그리스 존재 사유부터 독일 존재 사유까지. 이 둘 사이에서 순수한 경쟁은 불가능하다. 왜냐하면 철학은 이 일을

을 들고 나타난 《극단적인 가치 파괴자들》의 대표적인 예가 《68운동가들》이다. 그들은 《복지사회》와 《능력 사회》와 같은 개념들을 가지고, 전혀 다른 세계, 즉 소외된 삶이 없는 세계에 대하여 주장하였다. 그러나 이것은 단지 《이데올로기》에 불과했다. 왜냐하면 기술적 진보와 관대한 복지사회가 제공하는 모든 것을 교육받은 계급이 누릴 수 있다는 것은 단지 가능성에 불과했기 때문이다. Manes Sperber, 「파멸의 세계에 대한 상투적인 문구」, in: 「남부독일 신문」, 1973년 7월 28/29일자

성공적으로 수행할 수 없기 때문이다. 예를 들어 20세기 후반부에 하이데거는 정신적(영적)인 시나리오들을 요구하였다. 그러한 요구는 특히 독일어로 쓰인 신문 연재물에서 아직도 발견되는데, 그러한 주장을 한 하이데거는 독일적인 《마지막 신》으로부터의 구원을 신뢰한 하이데거가 아니라, 기괴한 나치 정신에 빠져 있던 하이데거였다. 그 사이에 바르트주의자들은 설교단 위에서 말씀을 선포하고 있었다.

왜 믿음의 대상인 구세주가 날조된 구원자보다 더 많은 공공적인 지지를 받는지, 그 이유를 철학적으로 규명하려고 한다면, 진리에 대한 전적으로 다른 태도가 고려되어야 한다. 바르트는 반복적으로, 바울 서신들에서 발견되는 ─ 마치 익숙한 외래어처럼 ─ Plerophorie라는 단어를 사용한다. 바울 서신들 여러 곳에서[3] 이 단어는 신의 말씀 ─ 선포(Kerygma)라는 의미의 말씀 ─ 을 향한 그리스도인들의 최고의 태도를 표현하기 위한 단어임이 밝혀지고 있다. 그리스도교적 믿음, 그리스도교적 희망, 그리스도교적 통찰력(synesis)이 최대의 풍요로움과 최고의 완전성 안에서, 즉 더할 나위없는 확실성과 확고함, 확증성 안에서 진술되어야 한다면, 바로 그때 그 단어가 사용되는 것이다. 그런데 바울에 대한 칼 바르트의 이해에 따르면 그리스도교적 믿음은 항상 성장 중에 있는 것이며, 따라서 Plerophorie라는 단어는 미래적인 믿음, 즉 무시간적(영원한)인 미래적 믿음까지 포함하고 있는 것이다. 즉 이 단어는 종말론적 믿음을 위해 아주 특별한 단어이며, 《종말까지》 사유하는 믿음, 믿음으로서 종말에 이르고, 그 종말을 볼 수 있게 된 믿음을 위한 단어이다. 따라서 바르트는 항상 이 단어에 《아직 지금은 온전하지 않은》이란 의미가 있다는 점을 보여 주고 있다. 그런데 신뢰와 희망

---

3   데살로니가전서 1장 5절; 참조, 히브리서 6장 11절; 골로새서 2장 2절

과 연관된 그리스도교적 믿음이 시간과의 관계 속에서 '아직 영원성에
도달한 것이 아님' 이란 사실과 직면해 갖게 되는 긴장이, 혹시 믿음의
불확실성을 의미하는 것이 아닌가 라는 의심은 이 단어에서 결코 찾아
볼 수 없다. 왜냐하면 믿는 자들은 자신의 믿음이 진리라는 것을 무조
건적으로 확인하고 알 수 있기 때문이다. 하이데거가 마지막 신에 대하
여 사유할 때, 그 신은 부재할 수 있으며, 따라서 《우리는》 구원받지 못
할 수 있다. 그러나 바르트와 같이 믿는 자들에게 이러한 일은 일어나
지 않는다. 만약 그의 믿음이 올바른 믿음이라고 한다면.

　하이데거는 존재의 진리를 위해 ─ 이것은 진술의 진리가 아님 ─ 하
위 체계로서 문장의 구조를 통사법 대신 병렬법으로 대체하였다. 이제
모든 품사들은 동등한 중요성을 지닌 채 수평적인 위치에 놓이게 된
다.[4] 이와 달리 바르트는 말씀의 진리, 복음의 진리, 약속의 진리를 주
장한다. 그럼에도 하이데거와 바르트 모두 진리는 인식론적으로는 도
달할 수 없다고 주장하는 공통점을 지닌다. 그러나 신학자의 '약속하
는 신' 과, 철학자의 '조율적으로 본재하는 존재' 의 경우, 그것의 정당
성을 입증하는 《방법》은 근본적으로 상이하다. 신학자에게 핵심적인
것이 믿음이고, 철학자에게 핵심적인 것은 인간으로 하여금 진리에 참
여하게 하는 사유라고 한다면, 믿음은 은총의 선물, 절대적인 기적을
뜻하고, 사유는 진리의 존재사건을 듣고 인지하고, 그것을 시로 짓는
일을 뜻한다. 그런데 두 경우 모두, 진리의 정당성은 본래적으로 진리-

4　하이데거는 이러한 방식으로 말하는 예를 파르메니데스의 교훈시 6번 첫째 줄에서
발견하고, 그것을 다음과 같이 번역하고 있다:《그것은 필요로 한다. 앞에 놓인 것을 그
렇게 주의를 기울인다. 또한 존재자들은 존재한다.》(마르틴 하이데거, 『사유란 무엇인
가?』, 튀빙겐 1954, 175쪽. 상위, 하위개념 구분을 부정하고, 이를 위해 동사의 부정형
을 필요로 하는 것. 하이데거는 이러한 일에 전적으로 성공하지는 못했다. 왜냐하면 접
속법적인 동사가 그 뒤의 4격에 반응하고 있기 때문이다.

창조자(truth maker) 자체로부터 이해되어야 한다는 공통점을 지닌다.

바르트의 경우 신의 약속은 실제적인 약속이고, 신의 행동을 선포하는 것이다.[5] 그러나 그 선포는 취소되거나, 혹은 단순히 성취되지 않을 수도 있는, 그러한 우연한 것에 대한 선포가 아니다. 이러한 식으로 생각하는 사람은, 불가해한 신에 대한 정당한 믿음, 그리고 신의 약속을 진리로 인정하는 믿음을 갖지 못한 것이다.[6] 신의 약속은 단지 언어적-문자적인 약속이 아니라, 믿음 안에서 고유한 능력(dynamis)을 갖는 복음이며, 성령의 힘, 즉 그것이 성취된다는 것을 확신하게 해 주는 (plerophoria)[7] 성령의 고유한 힘을 뜻한다. 바르트는 올바른 확신과 확실한 진리에 대한 궤변적 주장들을 거부한다. 왜냐하면《진리는 객관적인 것 안에 있기》때문이다.[8] 믿음이 진리의 능력이라는 것을 제시하려고 할 때, 바르트는 객관성이란 표현을 쓰는 것을 꺼려하지 않는다. 물론 이때 객관성이란 표현은, '진리-창조자'를 믿는 가운데 주어지는 은총의 선물을 뜻한다. 그리스도교적 종말론의 절대적 진리성을 의심하는 사람은, 믿음의 절대적인 기적을 이해하지 못하고 있는 것이다. 이것이 핵심적 내용이다.

II

하이데거가 『존재와 시간』에서, 바르트가 『로마서 강해』에서 말하고

---

5   칼 바르트, 『로마서 강해』, 408쪽
6   칼 바르트, 『로마서 강해』, 112쪽
7   데살로니가전서 1장 5절
8   칼 바르트, 『로마서 강해』, 113쪽

있는 내용이 각각 어디에서 유래하는지 알지 못한다면, 우리는 인간들의 삶이 이루어지는 '인간의 세계'의 특징에 대한 두 사람의 묘사가 부조리하고 저주에 가깝다고 여길 수도 있다. 하이데거의 경우, 그것은 인간의 일상성을 부정적으로 보는 시각의 편협성으로 나타난다. 그러한 것은 잡담, 호기심, 애매성으로 묘사된다. 하이데거에 의하면 이런 상태로 시민들과 농부들은 그럭저럭 살아간다. 대지적 삶의 견고함의 결핍은 완전한 대지 상실과 뿌리 상실로 이어진다. 사람들은 말하고 또 말하고, 계속해 말한다. 글 역시 잡다한 글들, 생각 없는 글들에 불과하다. 이에 상응하게, 『존재와 시간』을 준비하던 시기에 하이데거는 사람들의 일상적인 삶을 '천박함', '바쁜 업무', '수다들', '간계들', '경영적 삶'이라고 불렀다.[9] 사람들은 만나고, 공동체를 이루고, 같이 식사를 하고, 서로 기뻐하며 살아간다. 그러나 하이데거는 이러한 것에 대하여 말하려고 하지 않는다. 반면에 바르트는 특별히 인간 상호 간의 교제에 대하여 다루는 대신, 《이 세계》(kosmos hode)에 대하여 말하고 있다. 이 세계는, 바울이 묘사하듯이, 그 안에서 우리가 살아가고, 그에 따라 우리가 형성된 세계, 문자 그대로 말하면, 모든 부끄러운 말들로 가득한 세계이다. 오늘날에도 한 바르트 주의자는 《이 세계》를 특징짓는 단어로 Epitheta에 대하여 말하고 있다. 그것도 오직 비방적인 의미로, 예를 들어 《암울한 (이 세계)》, 《병적인 (이 세계)》, 《구제 불능의 (이 세계)》의 의미로 사용하고 있다. 그런데 사람들은 실제적으로 이 세계를 주인으로 모시며 따르고 있다. 바르트는 이러한 삶의 방식 안에서 단지 게으름과 악의, 죽음[10], 무의미, 부끄러움, 경악[11]을 본다. 그럼에도 그

9   마르틴 하이데거, 『시간의 개념』, 튀빙겐 1995, 17 이하
10   칼 바르트, 『로마서 강해』, 342
11   칼 바르트, 『로마서 강해』, 344

신학자는 모든 가능한 악담들을 무한히 능가하는 놀라운 말씀, 논리적인 명료성을 지닌 말씀을 발견한다. 그러나《자체 안에서 인식 불가능한 세계》에 대하여 말할 때[12], 그는 표현 양식의 변화가 얼마나 중요한지 명확히 알아차리지 못했다.

'불가능해 보인다' 는 표현은 당시 시대정신이나 유행적인 판단이기도 하다. 반면에 세계의 불가능성이란 표현은 전혀 다른 의미를 지닌다. 즉 그 세계는 신으로부터 아무런 실재성이나 진리성을 허가받지 못했다는 의미이다. 그런데 세계와 마찬가지로 인간 자신의 삶도 허가받은 것이 아니라면, 세계를 긍정하는 사람 중 그 누구도 세계에 대한 바르트의 판결을 따를 수도, 따르려 하지도 않을 것이다. 따라서 신의 구원 계획에 대한 믿음, 즉《이 세계》가 죄의 세계, 인간의 죄에 의한 무의 세계라는 것을 예견하는 믿음이 선행되어야 한다. 이를 통해 신적인 구원의 은총이 믿음의 역사 안에서 작용하여, 무로부터 존재에로, 아담의 원죄에 참여했던 인간으로부터 그리스도의 첫 번째 부활에 참여하는 인간으로의 전환이 이루어진다. 만약 우리의 삶의 세계를, 순전히 믿음의 역사에 따라, 신을 거역한 인간의 죄에 대한 판결 장소로 본다면, 이 세계에 대한 비방은 결코 지나치다고 볼 수 없을 것이다.

하이데거의 경우, 세계의《불가능성》을 설명하기 위해 '원죄' 와, '원-죽음' 이라는 사상을 필요로 하지 않는다. 형식적인 측면에서 가장 중요한 단어인 '무' 와 '무화' 의 의미는 모든《도구적 존재자》와《사물적 존재자》가 중요성을 상실하고, 무의미하게 되는 것을 뜻한다. 그런데 우리는 실존론적 존재론자(하이데거)에게, 단지《죽음에의 존재》안에서만 실존이 본래적으로 파악될 수 있다면, 입가에 맴도는 사랑의

---

12   칼 바르트, 『로마서 강해』, 84

시나, 혀를 적시는 포도주, 귀를 즐겁게 하는 멜로디, 손잡을 수 있는 친구란 도대체 무슨 의미가 있단 말인가? 라고 질문할 수 있다. 이러한 경우엔 더 이상 아무런 《말》도 존재할 수 없을 것이다. 즉 모든 것은 공허한 《무자비함》과 《쓸모 없음》 안으로 가라앉게 된다. 그런데 하이데거에 의하면, 바로 이때, 즉 세계의 무 앞에서 실존할 때, 《세계-내-존재 자체》가 나타난다는 것이다.[13]

『존재와 시간』 전체에서 보여 주는 해석, 특히 은밀한 종교성과 연관되고, 종교적인 시문학의 근거율, 즉 《인간은 신이 아니다》라는 근거율과 잠재적으로 연관되어 있는 해석은 ―해석의 의도 자체 안에서는 결코 설명될 수 없는, 혹은 그 길을 벗어난 ― 인간의 유한성에 대한 드라마이며, 하이데거는 이러한 드라마로부터 전형적인 통속적 삶의 태도에 대하여 비판하고 있는 것이다. 따라서 자신의 고유한 현사실성 앞에서 전율하게 하는 근거와, 자신이 '죽음에의 존재' 안으로 던져졌다는 것에 대한 이해 앞에서 전율하게 하는 근거는 바로 현존재의 정신성이라고 보아야 할 것이다. 그러나 이것은 진화의 산물은 아니다. 현존재에게 본질적인 것을 드러내는 과정에서 하이데거는 《일상인》을 비판하고 있는데, 그 이유는 인간(일상인)을 생물학적인 진화의 산물로 보았기 때문이 아니다. 오히려 그의 비판이 가능했던 것은, 그가 인간을 시문학화하였기 때문이다.

이와 달리 칼 바르트는 공개적으로 눌루베 카드 게임을 벌이고 있다. 왜냐하면 그는 그리스도를 통해 구원받지 못한 자들이 전적으로 무와 같은 자라는 사실과, 그 이유를 발견했기 때문이다. 그에게 있어 우리가 살고 있는 세계는 《불가능한》, 《부조리한》, 《비합리적인》 세계이며,

---

13   마르틴 하이데거, 『존재와 시간』, 186, 187, 343

더 나아가 이러한 불가능성 때문에, 우리가 하는 행동 역시 아담의 행
동과 마찬가지로 《불가능한》 것이다.[14] 이렇게 바울이 상연한 믿음의
드라마는 칼 바르트에 의해 다시 전개되며, 이제 그는 '이 세계'와 인
간의 행동을 비현실적인 것이라고 확증하는 낙인을 찍는다. 그런데 신
이 인간에게 올바른 것과 현실적인 것으로 존재할 수 있는 아무런 권리
도 주지 않았다는 — 칼 바르트가 자신의 믿음을 통해 이해한 것과 같
이 — 사상은 역설적인 것은 아니다. 왜냐하면 신적인 시각에 의하면,
단지 구원의 행동만이 현실적인 것이고, 죄의 행동은 비현실적인 것이
기 때문이다. 신은 자신의 자비로움을 보여 주기 위해 죄를 필요로 한
다. 그러나 죄를 《현실적으로》 필요로 하는 것은 아니다. 만일 그렇다
면 신은 죄의 또 다른 근거이어야 하기 때문이다. 구원의 역사는 죄 없
이는 작동되지 않는다. 그러나 신의 전능성에 대하여 말하고 있는 구원
의 역사는, 단지 인간에게 죄에 대한 책임을 — 칼 바르트가 적절하게
말하고 있듯이 —, 즉 불가능한 죄에 대한 책임을 묻고 있을 뿐이다.

　이와 연관된 세 번째이자 마지막 불가능성은, 죄의 세계와의 화해 불
가능성이다.[15] 믿는 자들의 경우, 무와 같은 것을 조금이라도 긍정하는
것은 신의 약속을 거부하는 것을 뜻한다. 그럼에도 칼 바르트는 그리스
도인이 절대적인 비통함(tristesse)이라는 저주를 받았다고 생각하지는
않는다. 그의 경우 이 세계와 인간에게는, 바울이 강력하게 제시한 우
울함, 압제 외에 다른 것들도 존재한다. 《이 모든 것에도 불구하고 우
리가 우리의 현재에 대하여 기뻐할 수 있는 것은, 우리의 현재가 신의
미래를 담지하고 있기 때문이다》.[16] 신은 인간의 아주 작은 불신앙도

14　칼 바르트, 『로마서 강해』, 297
15　칼 바르트, 『로마서 강해』, 353
16　칼 바르트, 『로마서 강해』, 171

허용하지 않지만, 그럼에도 인간에게 작은 희망을 위한 권리, 즉 진리
와 현실성에 대한 희망의 권리는 부여하였다. 그의 신학적인 입장에 따
르면, 인간은 현재 육체적으로 살아가며, 죽을 수밖에 없는 육체적 존
재이지만, 만약 그가 믿음 안에 있다면, 그는 더 이상 죄 안에 있지 않
고, 이미 영에 의해 지배를 받고 있다는 것이다. 하이데거의 경우도, 퇴
락 존재의 근거인 세계와의 화해는 불가능하다. 자기 자신으로부터 도
망치고, '일상인-자기' 속에서 자기를 상실하고 있는 현존재에게 《긍
정적인 것》이 있다면, 단지 현존재의 '자기' 가 양심에 의해 '불리어진
자' 라는 점, 이때 현존재가 본래적인 자기를 파악할 수 있다는 점에 있
다. 『존재와 시간』을 발간하기 2년 전에 쓴 하이데거의 서한에 근거해,
《본래적인 전체존재》라는 표현 안에는 신의 은총에 대한 사상을 말하
고 있다고 주장할 수도 있겠지만[17], 그럼에도 불구하고 '양심의 부름'
은 "약속"과 연결되어 있는 것은 아니다.

III

하이데거와 바르트의 경우 현재의 관점은 미래를 바라보는 것에 의해
규정된다. 《되어질 것》, 《도래하는 것》이야말로 본래적인 것이다. 그런
데 시간을 흘러가며 이어지는 것으로 생각한다면, 하이데거와 바르트
가 주장하는 본래적인 시간이 미래에 있다는 것을 이해한다면, 《되어
질 것》과 《도래하는 것》 안에 《본래적인 것》에의 성향, 즉 '좋은 것'에

---

17 『마르틴 하이데거 — 엘리자베트 블로흐만, 서신 교환 1918-1969』 (요아힘 W.
슈토르크 편집), 네카 강변 마르바흐 1989, 31 이하

의 성향이 존재한다는 생각을 피할 수 없다. 하이데거와 아도르노가 그
들의 철학적 믿음에 대하여 말할 때,《그러나 위험이 있는 곳에, 구원
도 커진다》라는 횔덜린의 표현을 인용하듯이, 칼 바르트는 그의 그리
스도교적인 믿음 안에서 직관적으로 신의 비밀과 깊이를 보고 있다:

> 그리고 앞으로 존재하고 되어질 모든 것 안에는 좋은 것(선)을 향한 비밀스
> 러운 성향이 내재하게 될 것이다.[18]

칼 바르트의 경우,《본래적인》의미의 역사는 단지 구원의 역사이기 때
문에, 비밀스러운 개선의 역사는《그러한》(sogenannte) 역사(구원의
역사)이어야 한다. 그런데 그것은 신으로부터 분리된 인간의 역사이기
도 하다. 만약 구원이 이루어진다면, 그때 비본래적인 역사는《종료되
고, 그 역사의 가장 깊은 목적이 성취되고 완성된다》.[19]

  칼 바르트의 경우 믿음에 의한 구원은 시간 안에서 이루어지는 것이
아니고, 하이데거의 경우 사유에 의한 구원은 눈에 보이는 것이 아니
다. 그런데 두 종말론자들이 각각 주장하는 믿음과 사유는 서로 대립되
지 않는다. 오히려 그들은 더 큰 목소리로 종말에 대하여《반복적으로》
선언한다. 칼 바르트의 믿음은, 비록 산을 옮기지는 못하더라도, 알
수 없는 방식으로 정신(영)을 옮길 수는 있다. 따라서 신의 금지 명령
을 어긴 아담과 이브의 삶은, 믿음의 세계와 믿음의 역사에 있어서, 무

---

18   칼 바르트, 『로마서 강해』, 343 이하. 이와 반대로 아담 스미스의 보이지 않은 손
의 경우, 이기주의적인 시장의 힘들의 자유로운 작용들 —이것은 좋은 것을 향해야 하
지만 —이 존재한다. 그러나 이러한 힘들 자체 안에 좋은 것을 향한 성향이 내재하는
것은 아니다.
19   칼 바르트, 『로마서 강해』, 85

엇이 진정한 인간존재인지를 규정하는 척도로 나타나게 된다. 즉 칼 바르트는 죽음이 《더 이상 지배적이지 않을》 때, 삶이 《또다시 인간적인 삶이》 될 때, 단지 그때 인간은 《또다시 삶을 신뢰하며 살아갈 수》 있다고 주장하는 것이다.[20] 남성과 여성으로 존재하는 것, 그러나 궁극적으로는 성적인 것을 발견하기 이전의 삶으로 살아가는 것, 단지 그것만이 인간적인 삶과, 삶에의 신뢰를 또다시 회복시킬 수 있다. 칼 바르트는 자신의 아버지 프리츠의 말을 인용하면서 《인간이 다시 신을 회복할 때, 그때 인간은 충만한 삶과 지복한 삶을 살아갈 수 있다》[21]라고 말한다. 성으로부터 벗어난 영적인 사랑이 이러한 충만성과 지복성에 속할 수 있는지, 혹은 인간은 정신(영) 안에서도 이러한 것을 《인식해서는》 안되는지, 우리는 궁금해할 수 있다. 또한 낙원 신화와, 금지된 열매 때문에 치러야 하는 대가가, 도대체 어떻게 "또다시"를 위한 발판으로 유용한지에 대하여 질문할 수 있다. 《그리스도 안에서 존재한다는 것은, 우리에게 격리된 생명의 나무와 또다시 접목하는 것을 뜻한다》.[22] 이것은 창세기에 대한 바울의 자유로운 해석을 능가하는 것이다: 인간은 영원한 생명나무의 어린 가지로서 또다시(!), 영원히 살게 된다 — 선악의 인식의 나무로부터 훨씬 벗어나. 그리고 이제 이 나무 때문에 치렀던 대가는 더 이상 없었던 일이 된다.

칼 바르트는 생명의 본질에 대하여, 즉 진정한 생명의 본질에 대하여 사유한다. 이 신학자에게 있어, 생명은 이제 영원한 생명 자체를 뜻하게 된다. 왜냐하면 그는 구원과 연관된 모든 개념들을 절대적인 의미로 사용하고 있기 때문이다. 이와 달리 모든 유기체적인 생명이 유한하다

20　칼 바르트, 『로마서 강해』, 345
21　칼 바르트, 『로마서 강해』, 172
22　칼 바르트, 『로마서 강해』, 297

고 주장하는 과학적 인식은 절대적인 언어를 알지 못하며, 그 언어를 통해 수행되는 '정신에 대한 영적인 발견'에 대해서도 알지 못한다.

> 그리스도 안에서 존재한다는 것은, 새로운, 혹은 태초적인 생명의 본질을, 신 안에 있는 생명의 본질을, 꾸밈없이, 명석하게, 단호하게 또다시 유효하게 하고, 작용하게 하는 것을 뜻한다.[23]

태초적이란 표현은《소위 말하는》가장 오래된 역사가 아니라, 근원과 마찬가지로, 역사적 시간의 흐름보다 앞선,《본래적인》역사의 시원을 뜻한다. 근원적인 것은 "또다시" 새로운 역사를 견고하게 실행하도록 하며, "또다시" 새로운 역사에 도달하기 위한 확고한 발판이 되는 것이다. 믿는 자들에게 그리스도교 약속이 전하고 있는 근원적, 본래적인 생명은, 만약 근원적으로는, 유기체적인 것도 일종의 영적인 것이라고 한다면, 그 생명은 유기체적인 생명이기도 하다:

> 신과 인간 사이, 그리고 인간과 세계 사이의 유기체적인 통일적 관계는 또다시 발견된다.[24]

지금 유의해야 할 점은, 칼 바르트가 세계라고 명명하는 것은, 우리가 생명 세계라고 부르는 단어와는 무관하다는 점이다:

> 그(신)는 상실된 세계를 영원하고 근원적인 형태 안으로 은밀하게 부르며,

---

23   칼 바르트, 『로마서 강해』, 297
24   칼 바르트, 『로마서 강해』, 85

또다시 건립하기를 원하신다. 신은 오랫동안 파괴되었던 자신의 질서가 또다시 유효해지기를 원하신다.[25]

칼 바르트는 신을《새롭고 근원적인 인류를 창조하는》신[26]이라고 명시하게 위해, 바울이 아테네에서 공개적으로 맹세했던 신, 즉 그 안에서 우리가 살아가는(en auto gar zomen)[27], 그러한 신을 끌어들이고 있다. 이것은 믿는 자들에게 최후의 사건을 볼 수 있게 하는 신학적 예술이자 약속이다. 최후의 사건은 시간 안에서 일어나는 것이 아니라, 단지 — 세 차례나 강조하고 있는 — 진실한 것, 본래적인 것, 근원적인 것의 반복(또다시)을 통해 기대할 수 있는 훈장과 같은 실재성인 것이다.

하이데거 역시 인간과 신의 존재사건적 화해를 통한 구원이라는 사상을 염두에 두고 있지만, 그의 독자들에게 인간과 신의 유기체적-영적인 통합이라는 그리스도교 구원론과 같은 사상을 제시한 것은 아니라고 한다면, '근원적인 것'에 대한 그의 주장은 더 상세하게 논의되어야 한다. 바르트의 경우, '또다시 발견함'과 '또다시 건립함'에서 "또다시"가 근원적인 것과 — '근원적'과 '또다시'는 동일한 의미임 — 연결되고 있다면, 하이데거의 경우 '새(제 2의) 근원적인 것'은 비교급으로 변한다. 그것은 "이미 본 것"(Deja-vu)이 아니라, 명백히 새로운 것, 아직 존재하지 않았던 것을 뜻한다.

물론 바울과 바르트도 명백히 새로운 것을 염두에 두고 있지만, 그들

---

25 칼 바르트, 『로마서 강해』, 398. 343 참조:《신의 평화 안에서 세계와 인간의 생명을 또다시 건립하기 위해》

26 칼 바르트, 『로마서 강해』, 137

27 사도행전 17장 28절

의 언어 표현은 단순한 반복으로 이해되어야 한다. 왜냐하면《직접적인 신의 직관의 상실》[28]이라는 표현은, 그러한 직접성이 또다시 얻어질 수 있다는 의미를 내포하고 있기 때문이다:

> 그때 우리는 (요한 계시록 21, 4 :《왜냐하면 첫째 것은 사라졌기 때문입니다》) … 또다시 신의 눈길 안에 서 있게 될 것입니다. 우리는 진리를 감춤으로써 그 눈길로부터 떨어져 나왔지만, 이제 그 눈길을 또다시 찾아야 하고, 그 눈길이 우리를 향하도록 해야 합니다.》[29]

이러한 주장 안에는, 구원의 역사의 완성은 전적으로 새로운 사건이라고 명시하는 대신, 그리스도를 "또다시"를 위한 도구로 사용할 수 있는 위험도 존재한다.

반면에 하이데거가 주장하는 비교급은《더 근원적인》이란 뜻을 갖는다. 그에게 있어 근원적인 것은 단순히 반복되는 것이 아니라, 더 근원적으로 반복된다. 바르트와 달리 하이데거에게 있어 근원적인 것은, 이제 또다시 건립해야 하는, 이전의 근원적인 상태와 같은 것을 뜻하지 않는다.《더 근원적인》,《가장 근원적인》이란 표현은, 어떠한 본질을 해명함에 있어 항상 한 걸음 더 나아가기를 요구하는 방법론적인 지시이다. 『존재와 시간』 1장에서 제시되고 있듯이, 하이데거의 존재 질문이 그리스 존재론을《반복(wiederholen)》하는 일이라면, 그것은 그리스 정신과 그 사유의 본질적인 뿌리 안으로 되돌아가고, 이런 의미에서 그리스 정신 자체보다《더 근원적으로》문제를 다루는 것을 뜻한다. 그

---

28   칼 바르트, 『로마서 강해』, 201
29   칼 바르트, 『로마서 강해』, 526

리스 사유를 반복한다는 것은, 그것을 한 번 더 그리스인들과 같이 사
유한다는 의미가 결코 아니다.[30] 바울, 칼빈, 파스칼, 바르트가 모두 동
의하는 기적의 믿음은, 낙원 이야기 안에서 시문학적인 인간의 자기 해
석을 발견하는 대신, 단지 사실들의 모음을 볼 뿐이다. 이때 근원적인
것과 근원은 사실적인 상태와 사건들로 변하며, 이런 것은 어떠한 시문
학적 특징과도 어울리지 않는다. 이런 점은 과감하고 비판적이며, 가끔
은 강요적인, 젊은 칼 바르트의 논증이 감수해야 할 운명처럼 보이기도
한다. 여기서 우리는 칼 바르트가 《불가능한》이라는 술어를 특히 아담
의 《행동》과 연결시키고 있는 점을 한 번 더 살펴보아야 한다. 에덴동
산의 주인(신)은 그 동산에 있는 나무 열매를 따 먹지 말라고 명시적으
로 금지하였다. 따라서 그 열매를 따 먹는 것은 적절하지 않아 보인다.
그러나 그것이 시문학적 작품이라면, 누가 그러한 행동에 대하여 개입
하고 말참견하려고 하겠는가? 신앙적으로 불가능한 것, 법적-도덕적
으로 불가능한 것, 현사실적으로 불가능한 것은 서로 질문거리를 공유
하고 있는데, 이것은 단지 그것들의 시문학성을 인정할 때만 이해될 수
있다.[31]

30　마르틴 하이데거, 「언어에 대한 대화」, in: 『언어에의 도상』, 137 이하

31　마르틴 발저는 정당화에 대한 그의 저서에서, 인간의 자기 정당화의 문제점에 주
목하도록 하기 위해, 극단적인 인간의 자기부정을 찬미하고 있다.(『정당화에 대하여,
하나의 유혹』, 라인벡 2012) 이때 그는 믿음의 과도함을 주장하는 젊은 바르트의 극단
적인 태도에 찬성한다. 믿음의 과도함 안에서 모든 인간의 자기 긍정과 자부심은 사라
지고, 결국엔 욥과 같이 절대적인 복종만이 남게 된다:《인간적인 것은 아무것도 남지
않는다 … 그것은 신 앞에서는 단지 먼지와 재에 불과할 뿐이다》.(칼 바르트의 『로마서
강해』에 대한 발저의 인용문) 이러한 주장에도 불구하고, 결국에 그는, 신과 인간의 정
당성과 연관해 느끼게 되는 결핍의 감정, 결함의 감정, 곤궁의 감정을 긍정적으로 표현
하기 위해 네 남성을 예로 들고 있다. 그에게 이들은 경건한 자들이다. 왜냐하면 그들
은 모든 것을 타자를 위해 행동하고, 타자들에 동정심을 느끼며, 그들은 전적으로 다른
방식으로 존재하고 행동하고 있기 때문이다. 그들은 자신들의 탁월한 능력을 진리로부

IV

역사의 드라마를 반복의 드라마로 기획한다는 것은, 직선적으로 '계속 흘러가는' 시간의 특징을 부정하는 일을 뜻한다. 시간은 휘고, 원운동을 하며, 처음으로 이어진다. 물론 그때 감수해야 할 것은, 역사가 시간 안에서 이루어지는 한, 그것은 몰락과 퇴락의 역사라는 점이다. 신으로부터 멀어지면 멀어질수록,《세계의 어둠》[32]은 더 증대한다. 그런데 시간은 — 시간이란 단어의 가장 정확한 의미를 따른다면 — 지나가 버리는 것이기에, 그것은 이미 드라마의 종말을 알리고 있다. 비록 종말이 경악스러운 것이라고 하더라도, 빛의 발현 속에서 그 드라마는 전적으로 새로운 것을 믿게 하고 사유하게 한다. 이런 의미에서 몰락과 퇴락은 장점도 지닌다. 그것은 사람들로 하여금 역사를 전체적, 본래적으로 — 개별적 사건들 안에서가 아니라, 역사를 형성하는 큰 형태 안에서

터 빌린 것으로 이해하고 있다. 그것은《먼지와 재 속에서》의 후회도 아니며(욥기 42, 6 이하), 또한 — 칼 바르트가 믿음을 위해 불가피한 것이라고 보았듯이 —,《죽음에의 병을 야기한 자》,《경악스러운 죽음의 지배》를 야기한 자인 아담의《불가능한》죄의 행동에 참여하는 것도 아니다.(칼 바르트,『로마서 강해』, 175-177). 만약 믿는 자의 믿음이 그 대립물을 산출시킨다면, 칼 바르트가 주목하고 있는 자들이《경건한 자들》이라는 것은 우연이 아니다. 칼 바르트의 작품 전체 안에서는 그의 날카로운 음성이 울리고 있는데, 이러한 음성을 가지고 칼 바르트는《경건한 자들로 하여금》전적으로 새로운 신의 나라를 위해 요구되는 정신적, 영적인 무장을 갖추고, 그렇게 존재하도록, 권면하고 있는 것이다. 이에 대한 예는 다음과 같다:《실제적으로 신의 진노의 심판으로부터의 구원은 존재하지만, 경건한 자와 정의로운 자들이 생각하는 방식은 아니다》. 더 분명한 예로:《도래할 새로운 세계에 직면해, 과거에 자신이 다른 사람들에 비해 상대적으로 우월한 상태에 있었다고 자랑할 만한 경건한 자나 이상적인 자가 어디에 있겠는가? 만약 모든 시간의 종말이 가까워졌다면, 다양한 〈경건성들과 덕성들〉의 가치를 재었던 역사적인 척도가 무엇이란 말인가?》.(칼 바르트,『로마서 강해』, 66 ; 102)

32 마르틴 하이데거,『사유의 경험으로부터』, 풀링엔 1954, 7. 빛의 그늘은《존재의 그늘》을 뜻한다 — 그것은《존재망각》과《존재의 떠나감》을 위한 비유이다.

— 먼저 보게 한다. 역사를 기획함에 있어 바르트와 하이데거는 모두 시원을 — 지금은 근원이라고 말하지 않겠지만 — 강조하고 있다. 그런데 그들이 주장하는 시원의 빛은 아주 짧은 광채와 번쩍임을 통해 종말적 미래까지 비춰 주지만, 그 뒤에 《거의 곧바로》 스스로 사그러든 빛을 뜻한다. 어쨌든 아담은 낙원에서 살았다는 이야기로부터 바르트는 출발한다. 그런데 아담은 곧 바로 불가능한 것을 행한다. 이러한 행동이 인간의 역사, 즉 신으로부터 멀어져 간 역사의 시원을 이룬다. 하이데거의 존재사적 기획도 이와 같다. 《그리스인들은》 끊임없이 존재에 대하여 질문했다. 그들은 피지스에 대한 사상을 받아들였다. 그들은 '진술의 진리' 와 전혀 다른 진리를 파악하였다. 그러나 그들은 이러한 《사상의 섬광》을 보존할 수 없었다. 하이데거에 의하면, 적어도 플라톤과 아리스토텔레스에 이르러 이미 시원의 '본질적인 것' 은 버려졌고 망각되었다는 것이다. 그럼에도 그들에게 업적이 있다면, 바로 그들로 인해 오히려 시원에 대한 강조가 가능했다는 점이다. 그러나 그들은 시원 자체를 약화시키고 조악하게 만들었다. 예를 들어 신에 대하여 그리스도가 확실하게 보여 준 새로운 숙고 방식은 — 엄격한 믿음이라는 측면에서 볼 때, — (아담이) 낙원에서 신에 대하여 생각한 방식과는 비교할 수 없듯이, 이와 마찬가지로 하이데거가 자신의 사유 안에서 존재의 진리를 보존하기 위해 준비해야 한다고 주장하는 것은 — 엄격한 사유라는 측면에서 볼 때 — 그리스인들에게 아주 짧게 번쩍인 빛(존재사유)과는 비교할 수 없는 것이다. 따라서 근원적인 것을 다시 획득하는 것 — 그것이 믿음을 통해서든, 사유를 통해서든 — 이야말로 이제 궁극적으로 해야 할 일이다. 그리고 전적으로 새로운 것은 — 믿음과 사유가 이해하는 바에 따르면 — 결코 또다시 약화되지는 않을 것이다.

V

최고의 재판관으로부터 의롭다라는 판결을 받아야 한다고 느끼는 자
는, 자신에게 고유한 《불가능성》, 즉 자신의 삶과 삶의 세계의 불가능
성에 대하여 믿어야 하며, 신의 의롭다는 판결 없이는 삶에 대한 권리
도 없다는 것을 믿어야 한다. 이점을 칼 바르트는 다음과 같이 말한다:

> 그리스도 안에서 밝혀진 인간의 본질에 대한 표지와 그로부터 시작된 작용
> 들에 대한 묘사는, 한편으로는 인류에 대한 판결들 중 하나이지만, 이번의
> 경우, 그것은 삶의 정당성을 진술해 주는 판결 자체이다.[33]

이와 관련해 칼 바르트는 로마서 5장 18절을 인용하고 있다:

> 한 사람의 타락을 통해 모든 인간에게 죽음의 판결이 내려졌듯이, 한 사람의
> 의로움을 통해 모든 인간에게 생명에의 권리가 주어졌습니다.[34]

이 말은 지나치게 비신자들의 권리를 무시하는 것처럼 들린다: 그리스
도를 메시아로 믿지 않는 자들, 그리스도와의 상호 간의 사랑을 믿지
않고 살아가는 자들에게는 생명에의 권리가 없다는 것이다. 그러나 이
것은 잘못 들은 것이다. 우리는 이 말을 너무 과장하지 말고, 오히려 종
교적인 시문학의 방식으로 읽어야 한다. 여기서 문제되고 있는 생명의
권리라는 표현은 천상의 예루살렘에 거주할 권리를 뜻한다. 믿음은 생

---

33   칼 바르트, 『로마서 강해』, 174
34   칼 바르트의 번역, in: 칼 바르트, 『로마서 강해』, 197

명을, 도시와 시골, 젊음과 늙음, 사랑받음과 사랑받지 못함, 유명함과 명망 없음, 가난함과 부유함, 건강과 병에 따라 구분하지 않고, 단지 죄를 지었는가, 혹은 구원받았는가에 따라 구분할 뿐이다. 바울과 칼 바르트가 가르치고 있는 것은, 진정한 생명의 정당성은 이 사회와 공동체로부터 입증받는 것이 아니라는 점이다. 농부는 농부로서 잘 살거나 못사는 것을 입증해 주는 정당성을 필요로 하지 않으며, 은행가는 자신의 삶이 합법적인 테두리에 머무르는지, 혹은 그것을 넘는 성공적인 삶인지, 그렇지 않은지를 입증해 주는 정당성을 필요로 하지 않는다. 정당하다고 말해지는 삶은 단지 신앙적으로 살아가는 삶의 문제일 뿐이다. 그러한 삶은 약속의 영역 안에 있는 삶이며, 이미 대지(이 세계) 안에서 그리스도와 함께《성장하는》삶이며,《본래적인》삶, 신과 완전히 화해된 영원한 삶을 뜻한다.

삶의 정당성에 대한 판결 요구는 단순히 사회적인 것이나 교의적인 것이 아니다. 오히려 이러한 요구를 — 그리스도에 대한 믿음 안에서 — 살아 있는 요구로 긍정하고 자유롭게 받아들이는 자는 천부적인 예술가에 속한다. 그는 아담을 바라보며 공포와 경악에 사로잡혀 '내 탓이요, 내 탓이요'(mea culpa, mea culpa)라고 외치는 자가 아니라, '삶-너머로-향하는 일'에 '함께-창조'하는 방식으로 참여하고, 더 이상 삶 안에 죽음이 없다는 믿음과 희망에 참여하는 자이다. 구원자 그리스도의 죽음을 믿고, 그가 죽음을 영원히 죽였다는 것을 믿는 것은, 매우 특별한 방식의 시문학적인 능력에 속한다. 이러한 능력을 갖추고, 그 능력에 대하여 감사함을 느끼는 자는 이러한 사실을 입증하려고 하지 않는다. 오히려 그는 그러한 능력을 은총의 방식으로, 선택받았다는 징표로 해석한다. 시각예술과 청각예술의 경우, 그 작품들을 보고 듣는 자들이 '공-창조적'이어야 하듯이, 믿는 자는 믿음의 예술 작품에

'공–창조적'이어야 한다. 물론 삶의 정당성에 대한 판결 요구를 갖지 않는 자들이나, 이러한 요구를 반드시 필요로 하는 믿음에 대하여 거의 아무 생각도 하지 않는 자들도 존재한다. 그렇다면 그는 불의한 것인가? 이러한 자들에게 우리는 그러한 요구가 매우 필요로 하는 것이라고 설명해 줘야 하는가?

삶의 정당성에 대한 판결 요구에서 반드시 필요한 일은 신의 의로움과, 신의 능력이 믿는 자들 위에 함께 한다는 사실을 선언하는 일이다. 신의 의로움을 의심하거나 신의 능력 자체에 대하여 질문하는 자는 최후의 심판을 믿지 않는 것이다. 아도나이(주님)와 그리스도를 믿는 자들이 배워야 하는 모든 술어들은 절대적으로 신에게 속한 것이다: 단지 신만이 선하며[35], 단지 그의 입과 말씀만이 진리이며[36], 단지 신만이 의롭다.[37] 그런데 선함, 진리, 의로움과 같은 표현들은, 비록 그것들의 순수한 형태는 (삶 속에서) 상대적으로 아주 드물게 나타나지만, 인간의 전형적인 특징들이기도 하다. 따라서 우리는 신의 선함과 진리, 의로움이 인간의 이해를 능가하는 것이라는 점에 유의해야 한다. 이제 신을 통해 작용되는 것이라고 믿어지는 것, 즉 신의 선함, 진리성, 의로움이라는 특징들에 대하여 살펴보기로 한다.

신의 의롭다는 것은, 단지 신만이 전적인 사랑이듯이, 신만이 전적인 의로움 자체라는 것을 뜻한다. 이러한 점을 이해한다는 것은 단지, 그것을 믿는다는 것을 뜻한다. 더 정확히 말하면, 그것은 《인간은 신이 아니다》라는 종교적–시문학적인 근거율을 믿는다는 것을 뜻한다. 의롭게 존재하는 것이 신의 존재 방식이라면, 신은 자기 자신만으로 만족해

---

35   마태복음 19장 12절
36   잠언 12장 9절; 시편 33장 4절
37   신명기 32장 4절

서는 안 된다. 신은 단지 자기 자신을 위해 의로운 것이 아니다. 구약성
서와 신약성서 안에는 아직 '우주적'인 '의로운 존재'가(그리스인들의
경우 《정의로움 안에 있는 존재》(en dike einai)는 바다의 광택, 혹은
'균형 잡힘'을 뜻한다) 아직 사유되고 있지 않기 때문에, 신의 의로움
을 이해하기 위해서는 필수적으로 인간의 의로움에 대한 질문도 함께
이루어져야 한다. 그 대답은, 인간과 비교해 신은 절대적으로 의로우
며, 신이 불의하다는 것은 불가능하다는 것이다. 욥기에는 신이 사탄
(70인역 그리스어 성서: diabola)과 협상을 하는 장면이 있다. 신은 사
탄에게 욥의 모든 것과 욥 《자체》(autos)까지 넘겨준다.[38] 이때 욥은 아
주 특별한 경험, 즉 신은 인간이 느끼는 의로움으로부터 벗어나 있다는
경험을 하게 된다. 그는 재 속에 앉아 알 수 없는 신의 의로움에 복종한
다. 그리고 그 후 모든 것은 다시 좋아진다. 이러한 태도는 정당한 것이
다. 또 다른 예를 들면, 신은 에서가 태어나기 전부터 그를 미워한다.
이것 역시 정당하다. 신이 그렇게 선택했기 때문이다. 이러한 의로움을
인간이 원한다면, 그것은 인간에게 의로움을 부여하는 믿음의 신비를
통해서 가능한 것이다.

불리어진 자(kletoi), 선택된 자(eklektoi)는 신적인 의로움을 드러내
는 진정한 '기적'이다. 왜냐하면 신의 의지에 대한 각본은 측정할 수
없기 때문이다. 예를 들어 어떤 민족이 아무 공로 없이 그들의 신에 의
해 선택되었다는 사실을 안다면, 이때 '공로 없는 선택'이라는 표현은
측정 불가능한 신의 본질을 보여 주고 있는 셈이다. 만약 그 선택이 인
간의 공로에 의한 것이라면, 그 신은 그들의 신, 그 민족의 신[39]이 될 수

---

38   욥기 1장 12절: alla auto me hapse(그러나 그의 몸(자체)은 다치게 하지 말라).
39   신명기 14장 2절 (7,6 ´ 26,8)´ 베드로전서 2장 9절

없었을 것이다. '구분하고, 지배하라' (divide et impera) — 이 표현은 지배받는 자들을 모두 똑같이 취급하지 않는 신의 통치에 대한 경험을 옹호하고 있다. 지배받는 자들 사이에는 지배하는 신의 호의와 연관된 불확실성이 존재한다. 또한 어떠한 민족이 그들의 신을 신뢰한다고 하더라도, 그들 중 어떤 개인이 신에 의해 선택될 수 있는지는 확실하지 않다. 이에 대한 좋은 예를 성서에서 묘사되는 형제(카인과 아벨)에서 확인할 수 있다. 그 형제는 하나의 《부모》로부터 나왔지만, 그들은 신에 의해 거부될 수 있는 예를 보여 주고 있다:

> 그리고 신은 아벨과 그의 제물을 보았다. 그러나 신은 카인과 그의 제물을 좋게 여기지 않았다.[40]

이 신화는 더 큰 긴장 속으로 드라마를 전개시킨다: 아벨은 카인에 의해 죽임을 당한다. 또 다른 형제(에서와 야곱) 이야기에서는 거부하는 신의 태도를 부모가 따라하는 장면이 묘사되고 있다: 어머니는 신이 사랑하는 아들을 사랑하는 반면, 아버지는 신이 미워하는 아들을 사랑한다.[41] 자연이 동등한 권리라고 주장하는 곳에서, 신을 믿는 자와 신은 자연의 권리에 역행하는 일을 행한다. 또한 신의 의로움이 신의 주권과 연결되어 있는 한,

> "내가 자비를 베풀 사람에게 자비를 베풀고, 내가 불쌍히 여길 사람을 불쌍히 여기겠다."[42]

---

40   창세기 4장 4절. 공동 번역본
41   창세기 25장 28절
42   로마서 9장 15절. 출애굽기 33장 19절. 루터 번역본

라는 바울의 표현에서 묘사되고 있는 신의 의로움은 단지 전제주의적
인 주권을 뜻할 수 있다. 바울이 자신을 종이라고 천명한 의미는, 자신
이 예수 그리스도의 영적인 종이라는 것을 뜻한다. 정치적인 인간이
'권리의 평등'(Isonomia)[43]을 희망하는 것과 달리, 구약과 신약 성서에
서 묘사되고 있는 '믿는 자들'은 전제주의에 복종한다. 칼 바르트가 숨
기는 신(Deus absconditus)[44]이라는 규정을 통해 신의 불가시성을 강
조하고 있다면, 믿는 자들이 고백하는 신의 불가해성과 파악 불가능성
은 그것을 훨씬 넘어선다. 신의 의지와 행동이, 신을 믿는 자 자신의 고
유한 느낌과 모순되면 될수록, 믿는 자들은 그 안에서 실제적인 타자를
경험하게 된다.

　자신의 삶과 상황 속에서 스스로 대답할 수 없는 질문들 앞에서도 신
을 믿는 자들은 하나의 대답을 찾을 수 있다. 그것은, 신의 의로움에 힘
입어 모든 일들이 잘 되어갈 것이란 확신이다. 단지 신만이 내가 누구
인지 안다. 그리스도를 믿는 자로서 내가 내 자신에 대하여 절대적으로
확신할 수 있는 것은, 신의 절대적인 불가해성 안에서 신의 의로움을
만날 수 있다는 점이다.

VI

솔론이 말하고 있듯이, 누구도 죽기 전에는 자신의 죽음이 정당한 것이
라고 찬미할 수 없다. 왜냐하면 그때까지는 너무 많은 일이 생길 수 있

43　Isonomia는 민주주의와 동일한 의미이다. 헤로도투스, 『역사』 3. 80. 142; 5. 37
참조

44　이사야서 45장 15절: theos apokryptomenos

기 때문이다. 믿는 자는 자신이 의롭다는 판결을 받았는지, 그렇게 선택되었는지 알지 못한다. 그러나 그렇게 되기 위해 그가 보여 주는 결단은 정치적인 인간의 결단과는 비교되지 않을 정도로 감격적이고, 그 것은 최후의 심판에까지 이어진다. 최후의 심판을 고려할 때, 신의 은 총에 의해 의롭다고 판결받기를 원하는 요구는 이미 월권적이고 무리한 행위처럼 보인다. 그리스도 자신은, 이미 의로움에 대한 그의 입장에서 볼 때, '모든-것이-의로워' 지도록 하지 않았는가? 칼 바르트가 순수한 믿음 안에서 받아들이고 있는 종교적인 '변화의 시문학'은, 아담의 있을 수 없는 행동을 통해 벌어진 신과 인간 사이의 심연에 머물러 있지 않는다. 의롭다고 여겨진 자가 신과 함께 교제를 가질 수 있다는 바울의 제안(텍스트)을 좀 더 명확하게 이해한다면, 신과 인간 모두의 관심사는 믿는 자가 의롭다고 판결되는 일에 놓여 있다는 것을 알수 있다. 이를 위해 신의 입장에서는 구원자가, 믿는 자의 입장에서는 믿음의 행동이 요구된다. 그리스도의 십자가의 죽음 안에서, 그리고 아담의 불의로 인해 야기된 죽음의 형벌이 그리스도의 죽음을 통해 구원에 이르게 되었다는 것을 신뢰하는 믿음 안에서 인간의 의로움은 회복된다. 믿음의 측면에서 볼 때 인간은 신과 대립되는 불의의 위치에 머물지 않는다. 왜냐하면 그리스도에 대한 믿음과, 그리스도의 죽음을 통해 인간에게 은총의 선물이 부여되고, 인간은 의롭게 되기 때문이다.

　점점 더 확실해지는 것은, 의롭다는 판결은 신의 은총에 의한 것일 뿐, 인간적인 의식이 파고들 수 있는 문제가 아니란 점이다. 믿는 자가 시간 안에서 사는 한, 그것도 평생토록 그렇게 살아가야 하는 한, 그와 신과의 교제는 단지 '변화하고 성장하는 방식으로 파악될 수' 있을 뿐, 궁극적으로 완성된 것이라고 믿어서는 안 된다. 믿음 안에서 가능한 행복한 순간들도 존재하지만 — 물론 이러한 행복 역시 절대적인 선취로부터 가능하지만, ─모든 신학적인 숙고는 '믿음 안에서 완수된 것'을 주장하면서도, 동시에 믿음 안에서 신과의 교제는, 문자 그대로, 잠정적이라는 것을 강조하고 있다. 그리스도가 이미 죽었고, 이미 부활했다는 주장은 편협하게 이해되어서는 안 된다. 즉 최후의 판결인《미래의 판결》[45]이 모든 믿음과 구원의 역사의 진리를 근거 짓는 궁극적인 근거라는 근본적인 의미를 놓쳐서는 안 되는 것이다. 그럼에도 불구하고 흥미로운 것은, 최후의 판결이 응보의 판결로 믿어지는 것은 흥미로운 일이다. 즉 그 판결은 신 자신의 뜻대로 내려진 것이 아니라, 신이 인간의 행동들과 말들, 예를 들어 그것들이 선한 것인지 악한 것인지 저울질하고 내린 판결이라는 것이다.[46] 그러나 믿는 자들이 실제로 의로운 자인지, 아닌지에 대한 결정은 그들의 무덤 너머까지 정해지지 않은 채 남아 있는 것이다. 그것을 예견하며 아는 자는 단지 신뿐이다. 신은 개별적 인간을 그의 탄생 전부터 알고 있듯이, 인간이 살아가면서 내뱉은 말들도 알고 있으며, 그것을 통해《이미》그에게 궁극적으로 유죄판결을 내릴 것인지, 무죄판결을 내릴 것인지 알고 있다.《완성된》구원의 행동을 통해 믿는 자에게 내려진 무죄판결의《현재성》은 '시간 안으로 들어오지 않는 미래'와 분리되지 않는다. 의롭다고 판결 받은 자로 사는 것은, 영원히 사는 것을 뜻한다. 그는 신과의 교제 안에서 사는 것이다. 여기서 믿음과 희망은 완성된다. 일생 동안 살아가는 자는 본래적이고 올바른 삶의 권리를 믿음과 희망에 맡겨야 한다. 인간이 원래 자신의 유한하고 분리된 삶을 가지고 자기 자신과 관계하며 살아간다면, 그때 중요한 것이 무엇인가? 라는 질문은 대답될 수 없고, 결코 알 수

---

45   요한계시록 16장 5절
46   고린도 전서 4장 4절; 로마서 8장 33절; 마태복음 12장 37절

없는 것이지만, 바로 이러한 '알 수 없음' 안에 그리스도교가 제시하고 있는 대답이 놓여 있는 것이다. 이러한 절대적인 불가해성과 절대적인 의로움의 통일성은 더 이상 해명될 수 없으며, 단지 신비 자체로 남게 되는 것이다.

VII

그리스도교 믿음에 고유한 전제, 그 믿음이 향하는 전제는, 첫째 삶의 무상함과 죽음의 문제가 전적으로 해결되지 못했다는 것이다. 바울이 말하고 있듯이 《나는 비참한 인간이다! 누가 나를 죽음에 이르도록 타락한 육체로부터 구원해 줄까?》[47]라고 말한 후, 곧바로 이러한 생각이 잘못된 것이라고 부정하면서, 《나는 더 이상 신으로부터 떨어져 나간 것이 아니라, 신에게 되돌아 와 있다》라고 바르트처럼 말할 수 없다면, 그 사람은 믿음과의 대결 안으로 더 이상 들어가지 않는 것이 좋을 것이다.

　삶의 세계 안에는 생명과 죽음, 자신의 생명과 타자의 생명, 자신의 죽음과 타자의 죽음이 서로 공존한다. 반면에 그리스도교 믿음 안에는 전혀 다른 생명의 관점이 지배적이다: 《죽음과 생명은 화해할 수 없는 모순 안에 있다》.[48] 삶 속에서 경험되듯이 죽음을 생명의 친구로 보는 것과, 바울과 바르트처럼 죽음을 《생명에 대한 궁극적인 적》[49]으로 보는 것 —이렇게 생명에 대하여 서로 다른 입장을 갖고, 생명에 대하여

47　로마서 7장 24절. 루터 번역본. 칼 바르트는 이것을 다음과 같이 번역한다. 《너무도 괴로운 인간. 그가 바로 나다. 누가 나를 죽음의 육체로부터 구해 줄 수 있을까?》
48　칼 바르트, 『로마서 강해』, 176
49　고린도 전서 15장 6절

서로 대립적인 시각을 갖고 있는 두 세계 중에서 우리는 어느 것이 더 나은 세계라고 보아야 할까? 만약 누군가 믿음의 세계에 우월권을 준다면, 삶의 세계는 무엇을 뜻하는가? 이때 분명한 것은, 선택되지 않은 세계는 저주받은 세계로 여겨지게 된다는 점이다:

> 아담이 자신의 타락을 통해 무를 사랑하면서 무로 향하였듯이, 이와 더불어 그는 스스로, 자신이 무와[50]같은 것이라고 진술한 셈이다.

종교적인 허무주의는 존재와 무의 관계를 전도시킨 것에서 유래한다. 시문학적으로 기획된 믿음과 희망의 목표는 존재이다. 그러나 믿는 자가 믿음과 희망을 상실할 때, 존재는 무가 된다. 그리고 《무로부터 무가 된다》[51] — 그러나 무는 어떠한 변화의 맹아도, 근거도 아니다. 따라서 종교적인 허무주의는, 선택되어서는 안 되는 삶과 세계를 표현하는 부정적인 표현들, 즉 《죽음의 공포의 지배》[52], 《무상함이라는 잔인한 사실》[53], 죽음에의 병의 유발자로서 죄》와 같은 표현들을 기꺼이 사용한다.[54] 이것은 죽을 수밖에 없는 삶을 살아가는 인간의 얼굴에 잘 나타난다. 물론 어린 아이와 같이 순수하게 바라보는 시선이나 연인들의 시선이 존재하지만, 믿음의 세계라는 시각에서 볼 때 이제 인간은 《악하고, 찌르고, 날카로운 눈, 그렇지만 보지 못하는 눈》[55]을 갖게 된다. 그것은 신의 광채가 전혀 없는 눈이다.

---

50 칼 바르트, 『로마서 강해』, 174
51 칼 바르트, 『로마서 강해』, 174
52 칼 바르트, 『로마서 강해』, 175
53 칼 바르트, 『로마서 강해』, 176
54 칼 바르트, 『로마서 강해』, 177
55 칼 바르트, 『로마서 강해』, 178

그리스도교적으로 내려진 판결은 언어적으로나 실제적으로 결코 삶의 세계의 관점으로부터 얻어진 것이 아니다. 천상적인 예루살렘에 대한 시문학적《장식》이 존재하듯이, 죄의 세계에 대한《장식》도 존재한다. 믿음을 가진 듣는 이(청자)와 독자는 시간적으로 존재하는 것과, ― 그리스도와 함께 성장하면서 ― 변화하는 것 사이의 차이를 예리하게 구분한다. 옥스퍼드 대학 신경과학자에 따르면, 우리는《구역질나는》('제기랄'과 같은 의미; Yuck) 세계나, 혹은 대단히 좋은(Wow) 세계에 살고 있다.[56] 그런데 그녀가 말하는 구역질나는 세계는 믿음에 의해 비난받아야할 것으로 판결된 '무의-세계'와는 아무 상관이 없다. 그리스도에서 말하는 도발적 단어인 '죄'는 원래 인간의 삶의 방식에서 나타나는 크고 작은 나쁜 일들을 뜻하지 않는다. 오히려 죄는 절대적으로 원죄를 뜻할 뿐이며, 이러한 '근원적인 죄'로부터 '근원적인-죽음'이 발생하는 것이다. 진정으로 나쁜 것은 창녀와 세리들이 아니라, 단지 삶의 유한성이다. 단지 이러한 유한성에 그리스도는 부딪치고 있는 것이다. 폭음과 같은 것을 죄로, 특히 성령을 거스르는 죄, 용서받을 수 없는 죄로 여기거나, ― 저자는 이러한 죄를 믿음에 근거하지 않는 죄로 해석한다 ― 그리스도교적 믿음이 제시하는 것을 유지하고 이해하지만 그것을 받아들이지 않는다면, 궁극적으로 그는 죽음을 결코 받아들일 수 없는 것으로 여기고 있는 것이다. 또한 반복적으로 그러한 죽음을 인정한다고 말하는 자가 있더라도, 그는 그리스도에 대한 믿음이 모든 인간에게 필수적이라는 바울과 칼 바르트의 견해를 따르지 않을 수 있다. 그런데 모든 그리스도인에게도 이중적인 특징, 즉 한편으로는 육

---

56   수잔 그린피드, 「페트라 슈타인베르크와의 인터뷰」, in:『남부독일 신문』, 2012. 8월 11/12일자

체와 이에 따르는 죽음의 특징이, 다른 한편으로는 믿음을 통한 영적인 생명의 특징이 나타난다면, 우리는 죄의 육체나 죽음과 무관하게 살아갔던 그리스도는 이미 무죄의 삶을 산 것인지 질문할 수 있다. 《희망하는 자로서 우리는 이미 지금 생명의 존재들인 것이다》[57]라고 그리스도인이 말한다면, 그들은 종교적인 시문학적 방식으로 — 비록 시문학을 통해 창조된 더 높은 실재성이란 측면에서 볼 때, '시간적 세계'와 '영원한 세계'는 서로 모순되지만 — 이 두 세계가 서로 작용할 수 있다는 사실을 표현하고 있는 것이다. 말하자면 그들은 아직 육체로 존재하지만, 그럼에도 믿음 안에서 그들은 성령에 의해 지배받고 있다는 것이다. 이것은 자연과학적으로는 인정될 수 없는, 메타포 유희의 시작을 의미한다. 그러나 우리는 메타포 유희를 문자 그대로 받아들여서는 안 된다. 왜냐하면 이 경우 메타포들은 비유적인 의미를 상실하기 때문이다. 이러한 대표적인 메타포 중 하나가 바로 '미래적'이라는 단어이다.

'시간 안에 놓여 있지 않은 미래'에 대하여 말한다는 것은, '미래'라는 단어를 메타포로 사용하고 있는 것이다. 그러나 믿는 자들이 자신들의 '성장'과 '변화'를 미래적인 것으로 치장할 때, 그들은 그 단어가 메타포라는 사실을 망각하고 있는 것이다. 즉 믿는 자들은 '지금-이미'라는 메타포 유희를 통해, 영원한 《미래》에는 결코 도달할 수 없다는 사실을 잊고 있는 것이다. 물론 신학자는 믿음을 위해 중요한 단어들, 예를 들어 역사, 진리, 생명, 미래와 같은 단어들을 절대적으로 이해하려는 경향이 있다. 그러나 믿음에 의해 '살아 있는 것'으로 여겨지는 것은 이미 예술가, 특히 '믿음의 예술가'의 이해 방식을 반영하고 있는 것이다. 그러나 죽음은 영원한 여행, 즉 영원성 안으로의 여행을 떠나는 것

---

57   칼 바르트, 『로마서 강해』, 172

이라고 위로해 주는 시문학적인 위로를 누가 거부할 수 있겠는가?

칼 바르트가 끌어들이고 있는 '지금-이미'라는 표현은 인정할 수 없는 것은 아니다. 이 세계의 본질이 무라는 입장을 완화시키지 않으면서 칼 바르트는 우리가 살고 있는 세계를 한편으로는 죄의 세계로, 다른 한편으로는 이미 구원받은 세계로 구분한다. 이때 그는 세계의 관계들을 정적인 것으로 이해하지 않는다. 왜냐하면 믿음은 변화 속에 놓여 있는 것이기 때문이다. 즉 믿음에서 중요한 것은 죄에의 경향, 신적인 구원에의 경향과 같은 표현을 단지 정적인 의미가 아니라, 오히려 역동적인 의미로 이해하여야 한다는 점이다. 칼 바르트에게 있어 전체적인 역동성은 '구원을 향하는 운동'을 뜻한다. 따라서 천상적인 삶만이 본래적으로 의로운 삶이라고 하더라도, 이러한 믿음의 은총은 그리스도인들에게 이미 주어진 것이다. 왜냐하면 그들은 그리스도가 죽고 다시 부활하였다는 사실을 믿기 때문이다. 이를 통해 영원한 삶에의 선취적인 참여(참여라는 메타포!)와 같은 표상이 그리스도인에게 주어지는 것이고, 이와 더불어 이미 의롭다는 판결이 예정론적으로 내려질 수 있는 것이다.《그리스도 안에 존재함》[58] 이란 의미는, 근원적이고 직접적인 신의 진리를 통해, 그리스도인들이 신의 세계를《지금 이미》보고 들으며,《지금 이미》그 세계가 유효하게 작용한다는 것을 뜻한다.[59] 물론 의롭다고 판결받을 것이라는 믿음과 희망을 간직한 채 믿음의 세계 속에서 믿음의 삶을 살아가는 그리스도인에게도 최후의 심판은 아직 오지 않은 것이다. 왜냐하면 최후의 심판은 시간 안에서 일어나는 것이 아니라, 단지 궁극적인 최후를 표현하기 위한 메타포이기 때문이다.

---

58   칼 바르트, 『로마서 강해』, 297
59   《본래적인》세계가《지금 이미》일어나는 한, 신과의 역사적인 관계는 직접적인 것이다. 칼 바르트, 『로마서 강해』, 107 등등 참조

8장

프란츠 카프카:
《절대자 안에서의 평안》

I

이야기 속 주인공에게 —육체적, 정신적으로— 극단적인 실존을 강요하는 삶의 상황들과, 그 상황들에 대처하는 주인공의 행동을 묘사하는 작품이 있다면, 이러한 작품을 통해 우리가 알 수 있는 것은 그 작품의 작가는 자기 자신과, 일상생활과, 자신의 소명과 투쟁하고 있으며, 이를 통해 자신에게 확고해진 것을 작품으로 창작한다는 점이다. 그러나 그 작품은 작가 자신이 홀로 만들어 낸 것은 아니다. 이미 언어는 사회적 산물이며, 그는 그 언어를 습득하였을 뿐이다. 이 과정에서 그는 언어의 전문가가 될 수 있지만, 언어 자체의 본질을 드러낼 수 있는지는 별개의 문제이다.

프란츠 카프카는 30년대 중반 치명적인 폐결핵에 걸린 직후, 죽음, 삶, 대지, 하늘, 거짓과 진리, 기쁨과 고통과 같은, 삶의 의미와 연관된 단어들을 메모하고 있었다. 이런 점을 고려할 때, 우리는 그의 사유가 처음부터 마지막까지 그리스도교적 믿음을 반영하고 있다고 볼 수 있다. 물론 그의 논거는 어떠한 신학도 따르지 않는다. 오히려 그것은 그의 고유한 내면성, 즉 그의 고유한 정신적 실존으로부터 발원한 것이다. 그러나 그는 주저함 없이 그리스도교적 믿음의 주요 자료들 역시 고수하고 있다. 이러한 예로 우리는, 그의 작품이 인간의 근원적인 죄성을 전제로 하고 있다는 사실을 들 수 있다. 아직 예술적 형태를 완벽히 갖추지 못한 그의 메모들 안에는, 카프카 자신의 내면성 안에 민감하게 간직하고 있던 '믿음의 사실들'과 '믿음의 길들'이 직설법적인 언어로 표현되어 있다. 그의 믿음에 진리를 보여 주었던 결정적인 작품은 「창세기」이다. 그는 창세기를, 바울 못지않게, 매우 그리스도교적으로 읽고 있다. 물론 그는 선교를 하지도 않았고, 따라서 다른 사람들에게 그것이 진리라는 것을 입증하지도 않았다. 그러나 바로 이런 이유 때문에 그는 바울보다 더 멀리 갈 수 있었던 것이다. 이때 '더 멀리'라는 것은 신학적인 것이 아니라, 예술가적인 실존을 뜻한다.

II

그리스도교적 믿음을 작품화함에 있어 카프카는 생명의 나무를 희망에 찬 시선으로 바라본다. 그보다 나중에 『존재와 시간』을 저술한 하이데거와 달리, 카프카는 케루빔들(그룹들)이 불칼을 들고 생명의 나무 입구를 지키면서, 인간의 접근을 막고 있다는 식의 '창세기' 해석을 거부한다. 이와 달리 카프카는 인간이 낙원에 항존적으로 거주할 권리와 생명의 열매를 먹을 수 있는 권리, 더 나아가 그 열매를 먹고 궁극적으로는 영원한 생명을 지닌 신과 같이 될 수 있는 권리를 믿는다. 이때 카프카는 '창세기'를 대담하게 해석하면서, 인간의 근원적인 죄성, 천상적

인 죄성을 이중적인 의미로 설명하고 있다:

> 우리가 죄인인 이유는, 우리가 인식의 나무 열매를 먹었기 때문만이 아니라,
> 우리가 생명의 나무 열매를 먹지 않았기 때문이기도 하다.[1]

어떠한 것을 믿을 수 있으려면, 그리스도를 통해 전수되고 고취된 영적-실존적 태도가 이미 《이 세계》 안에서의 삶에 대한 이해를 근본적으로 변화시켜야 한다. 만약 《우리》(믿음의 그리스도인들)가 생명의 나무 열매를 먹지 못했기 때문에 죄인이라고 한다면, 우리는 일생 동안 죄인이고 이 세계 역시 죄의 장소가 된다. 그러나 불만족스러운 삶을 해명하고 있는 대부분의 종교적인 설명들이 곧바로 도덕적으로 증명될 수 있는 것은 아니다. 단지 그 설명들은 인간적 삶이 무가치하다는 것을 호소하고, 그러한 삶이 어렵다는 것을 지시하고 있을 뿐이다. 믿음의 승리자들에 의하면, 우리가 살아가야 하는 삶은 우리에게 주어진 선물과 같은 것이 아니다. 카프카는 외면적으로 보이는 인간의 삶에 대한 비방들의 원인이 실제로는 인간의 죄성에 있다는 것을 자신의 믿음을 통해 알고 있었다. 그는 이러한 상황을 우리에게 익숙한 알기 쉬운 비유를 통해 보여 주고 있다:《여기서의》 삶은 체포된 삶이라는 것이다. 플라톤이 대화편 『파이돈』에서 육체를 영혼의 감옥으로 규정했다면, 그것은 그의 철학적 인간론, 영혼론에 의한 것이다: 그는 육체적으로 살아 있는 인간을 육체와 영혼의 종합이라고 생각했다. 죽음과 동시에 사유하는 영혼은 실제로 육체로부터 벗어난다. 그 영혼

---

1 프란츠 카프카, 『유고문서들과 단편들』 II (요스트 실레마이트 편집), 뉴욕 1991, 72 (《8절판 G》 1917-1918)

은 육체가 겪어야 할 고통으로부터 벗어나고, 더 이상 육체의 활동성을 따르지 않는다. 영혼이 육체에 체포된 상태로부터 해방된다는 의미는, 인간의 본질을 노에마(의식)로 규정하는 것을 뜻한다. 이제 인간 본질의 실재성은 순수한 사유 활동성으로 규정되는 것이다. 그러나 한 세대 반 후에 아리스토텔레스는 이러한 견해를 배척했다. 그의 경우 영혼은 단지 인간 전체를 살게 하는 원리로서《생명》을 뜻한다. 그런데 플라톤이나 아리스토텔레스와 달리, 카프카는 살아 있는 동안 인간은 항상 체포된 상태로 존재한다고 보았다. 이러한 카프카의 주장은 철학적 이론이 아니라, 극단적인 그의 믿음에 기인하고 있다. 그에 의하면, 진정한 삶의 순간마다 인간에게 주어진 고유한 정신적 실존만이 유일한 실존 전체이며[2], 정신적인 세계만이 유일한 세계 전체이다.[3] 반면에 삶의 종말인 죽음은 인간에게 삶보다 더 나은 것을 약속하지 않는다:

> 인식의 시작의 첫째 특징은, 죽기를 원한다는 것이다. 이 삶은 견디기 어렵고, 다른 삶은 도달할 수 없다. 사람들은 더 이상 죽음에의 욕망을 부끄러워하지 않는다: 자신들이 싫어하는 오래된 감옥으로부터 새로운 감옥으로 옮겨 주기를 사람들은 부탁한다. 그러나 그들은 그곳에서 싫어하는 법을 비로소 배우게 될 것이다.[4]

이에 따르면 먹고 마시고 사랑하고 죽는 인간들에게, 그들의 죽음 직전

---

2   프란츠 카프카, 『유고문서들』 II, 50 (《8절판 G》)
3   프란츠 카프카, 『유고문서들』 II, 59, 참조 61 (《8절판 G》)
4   프란츠 카프카, 『유고문서들』 II, 43 (《8절판 G》). II, 116 (『경구-메모 모음집』 1918/1920)

과 직후는 모두 견딜 수 없는 것이라는 공통점을 지닌다. 단지 죽음만
이 오래된 감옥으로부터 새로운 감옥으로 전환, 싫어하는 것으로부터
싫어하게 될 것으로의 전환을 의미한다. 그러나 그곳엔 정신적인 실
존과 정신적인 세계에 대한 어떠한 흔적도 존재하지 않는다. 그런데
왜 삶이 감옥이라는 특징을 갖는지 질문한다면, 그것은 삶이 유한하
고 시간적인 한계성과 협소성을 지니기 때문이라고 대답할 수 있다.
이러한 점을 카프카는 개별 존재를 넘어 세계의 무상함에 대한 사상으
로 종합하고 있다. 그에게 세계의 《결정적인 특징》은 무상함에 있는 것
이다.[5] 세계는 움직이는 것이며, 시간적인 것이다. 태양의 운행과 달
의 운행, 계절의 흐름이 대지 위에서의 시간을 정한다. 그것은 오고
가며 발생하고 소멸한다. 누가 살아 있는 동안 이러한 시간의 흐름으
로부터 기꺼이 벗어나려고 하겠는가? 누가, 어떻게 이러한 벗어남을
시도하겠는가? 그렇다면 이제 카프카의 그리스도교적 믿음의 목적은
분명해진다. 그것은 생명의 나무 열매이다. 따라서 카프카는 대수롭
지 않은 것처럼 다음과 같이 말하고 있다: 낙원에의(Paradiesglauben)
믿음 때문에 무상한 세계에 《만족하지》 못하는 자는, 《무상한 세계와
더불어 영원성 안으로 여행하기를》《결심한》(beschließ) 자이다.[6] 그럼
에도 그는 이 세계의 무상함과 투쟁해야 한다고, 특히 가능하다면《희
망과 믿음보다 더 현실적인》[7] 무기를 들고 투쟁해야 한다고 강조하고
있다.

---

5   프란츠 카프카, 『유고문서들』 II, 91 이하; 104 (『경구-메모 모음집』모음집)
6   프란츠 카프카, 『유고문서들』 II, 104(『경구-메모 모음집』)
7   프란츠 카프카, 『유고문서들』 II, 92(『경구-메모 모음집』)

III

《이 세계》를 넘어서기 위해 카프카의 믿음이 목표로 하는 '가장 현실적인 것'을 그는 '파괴할 수 없는 것'이라고 부른다. 이제 그는 가장 사변적인 고대 존재론의 개념, 예를 들어 플라톤의 '몰락할 수 없는 것'[8]과 같은 개념을 믿음과 신뢰의 문제로 다룬다. 따라서 그는, 인간은《'파괴할 수 없는 것'에 대한 지속적인 신뢰 없이는》[9] 살 수 없다고 말한다. 《'파괴할 수 없는 것'에 대한 믿음》[10]이라는 구호와 함께 그는 놀랍게도 다음과 같이 주장한다. 신뢰와 믿음에서 매우 중요한 것은 '아직 들어보지 못한 항존적인 존재'이지만, 이것은 결코 인간을 넘어서는 것이 아니며, 이 세계의 밖에 이미 존재하는 것도 아니다. 그런데 이런 일을 이해하려면, 지금 우리는 단지 정신적인 것과 마주해야 한다. 관찰할 수 없는《정신적인 세계》[11]는 단지《내적으로》[12] 볼 수 있다.《자신 안으로》라는 표현은, 정신적인 것, 진실한 것, 감각적이지 않은 세계, 관찰할 수 없고 볼 수 없는 세계를 향하라는 의미를 지닌다. 진실한 현실성인 '파괴될 수 없는 것'을 향하는 것은, 이 삶에 대한 — 정신적인 가능성으로서 — 신뢰와 믿음을 뜻한다. 그러나 이것은 삶의 가능성들 중 하나일 뿐이다. 왜냐하면 살아가는 인간은 먹고 옷을 입기도 하기 때문이다. 그러나 이런 것을 카프카는《부수적인 일》로 간주한다.《그는 모든 가시적인 음식과 더불어 불가시적인 음식에, 모든 가시적인 옷

---

8   플라톤,『국가』VII 534c3
9   프란츠 카프카,『유고문서들』II, 58(《8절판 G》)
10 프란츠 카프카,『유고문서들』II, 65(《8절판 G》)
11 프란츠 카프카,『유고문서들』II, 32(《8절판 G》)
12 프란츠 카프카,『유고문서들』II, 34(《8절판 G》)

과 더불어 불가시적인 옷 … 등등에 도달하게 될 것이다》.[13]

　서로 연관되어 있는 믿음과 희망은 단지 길의 도상을 가리키는 데 그치지 않고, 그 길의 도상에서 이미 길의 목적이 되기도 한다고 바울은 『로마서』에서 주장하고 있다.[14] 이와 비교하면 카프카의 입장은 이미 바울을 넘어서는 것처럼 보인다. 만약 진실한 현실성이 정신적인 것 안에 놓여 있다면, 정신적인 삶의 가능성을 인지한 자에게는《내적인 것 안으로》의 전환이, 그리고 다시 《내적인 것으로부터》 종교적인 희망에로의 전환이 이루어진다. 그것은 더 이상 희망이 아니라《확실성》이다.[15] 그런데 그 자체로 '파괴할 수 없는 것'에 대한 믿음을 강조하는 카프카가, '파괴할 수 없는 것'은 믿음 자체라고 말한다면, 그의 종교적인 논리는 폭력적으로 보이기도 한다:

　믿음이란: '파괴할 수 없는 것'을 스스로 안에서 자유롭게 하는 일, 혹은 더 정확하게 표현하면, 스스로 자유롭게 하는 일, 더 정확하게 표현하면, '파괴할 수 없는 것'으로 존재하는 일, 더 정확하게 표현하면, '존재하는 일'을 뜻한다.[16]

　그것은 그리스 존재론적인 의미에서, '존재하는' 존재, ― 강조해서 표현하면 ― 진실하고 현실적으로 존재하는 존재를 뜻한다. 존재는 '파괴할 수 없는 것'이다. 이러한 존재를 카프카는 천상적 이데아가 아니

13　프란츠 카프카, 『유고문서들』 II, 99(《8절판 H》 1918)
14　라이너 마르텐, 「로마서에서 믿음의 내재적 논리」, in: 슈테판 로스 외(편집), 『바울. 로마서. 원텍스트-번역들-철학적, 신학적 해석들』, 프라이부르크/뮌헨 2013, 462
15　프란츠 카프카, 『유고문서들』 II, 62(《8절판 G》)
16　프란츠 카프카, 『유고문서들』 II, 55(《8절판 G》)

라, 오히려 정신적인 인간, 즉 믿음을 가진 인간의 가장 깊은 내면으로 옮겨 놓았다. 그런데 카프카의 경우 어떠한 인간도 이렇게 깊은 차원으로부터 배제되지 않는다. 따라서 그의 논의는 믿음이 인간의 본질에 속하다는 사실에서 출발하고 있다. 물론 카프카가 말하는 믿음이 그리스도교적 믿음을 뜻하는지에 대하여는 여기서 더 이상 다루지 않기로 한다. 누구든 자신의 고유한 깊이에 도달한 자는《이 세계》와 직면해,《이 세계로 피난하든지》[17], 혹은 이 세계를《체념하든지》[18] 결정해야 한다. 두 세계를 알고 있는 자는,《이 세계》에 속하는 것과 같은 삶을 더 이상 살지 않기로 이미 결심한 자이다. 자신의 고유한 깊이와 자신의 고유한 정신적인《본질》을 향하는 것은 감각적인 것과 여기에서 기인하는 기쁨으로부터 떠나는 것을 뜻한다.《진정한 인간적인 본질을 예감하기》[19] 시작한 자는 '파괴할 수 없는 것' — 자기 자신이기도 한 — 과 함께 하며, 그것과 하나로 존재하는 것이다.《이 세계》는 바로《넘어감》[20]의 역할을 할 뿐이다. 그렇다면 이때 두 세계라는 표상도 이미 사라지게 된다. 원래《이 세계》는 결코 세계가 아니기 때문이다. 이 세계는 본래적으로 정신적인 세계 안에 있는 감각적인 것에 불과한 것이다. 진정으로 인간적인 본질과 진리를 원한다면, 우리들은 더 이상 우리가 살고 있는 세계에 속해서는 안 된다.

바로 이런 점에 있어 카프카가 시로 짓고 해석한 믿음은, 볼프하르트 판넨베르크와 같은 신학자들의 주장, 즉 그리스도교적 믿음의 진리는

---

17   프란츠 카프카, 『유고문서들』 II, 47(《8절판 G》)
18   프란츠 카프카, 『유고문서들』 II, 61(《8절판 G》)
19   프란츠 카프카, 『유고문서들』 II, 61(《8절판 G》); 참조 II, 85:《나의 고유한 본질을 인식하라》(『경구-메모 모음집』)
20   프란츠 카프카, 『유고문서들』 II, 95(『〈경구-메모 모음집』)

죽은 자의 부활에 의존하는 것이며, 그러한 믿음은 결코 증명할 필요가 없다(ad kalendas graecas)[21]는 주장을 훨씬 능가하고 있다. 카프카에 의하면 믿음은 그 자체로 파괴될 수 없다. 왜냐하면 믿음 자체는 '파괴할 수 없는 것'이기 때문이다. 믿음은 결코 시간적, 정신적으로 수행하는 행위가 아니라, 영원한 존재에 대한 믿음을 뜻한다. 정신적인 세계의 진리인 믿음은 영원성을 뜻한다. 시간적인 세계는 진정한 세계가 아니라 단지 이행을 위한 중간 단계로서의 세계를 뜻한다. 반면에 정신적으로 존재하는 한, 우리는 결코 영원성을 잃어버리지 않을 것이다.

IV

유대 방언(《특수 언어》)[22]을 다루기 시작하면서 카프카는 유대 정신을 향하며, 신지학에 관심을 갖는다. 그리고 홍보를 위한 여행 중 프라하에 들른 《슈타이너 박사》(루돌프 슈타이너)를 방문한다.[23] 카프카의 일기에서 볼 수 있듯이, 슈타이너는 여러 도시의 문화적 사건들에 활발하게 참여하고 있었다. 카프카는 — 저명한 저술가들에게서 나타나는

21 볼프하르트 판넨베르크, 『형이상학과 신에 대한 사상들』, 괴팅엔 1988. 이에 대한 비판으로는: 라이너 마르텐, 『진정한 희망? 해석학과 종교에 대한 하나의 질문』, in:잉골프 U. 달페르트 외(편집자), 『불가능성들. 양태적 한계개념에 대한 현상학과 해석학』, 튀빙겐 2009, 336–339

22 프란츠 카프카, 「유대 언어(《특수 언어》)에 대한 담화」, in: 프란츠 카프카, 『전집』(한스-게르트 코흐, 미카엘 뮐러, 말콤 파슬리 편집), 프랑크푸르트 1994, 5권, 149–153. 그 외에 라이너 마르텐, 『과도함. 불필요한 것의 필연성에 대하여』, 프라이부르크/ 뮌헨 2009, 223

23 프란츠 카프카, 『일기』(한스-게르트 코흐, 미카엘 뮐러, 말콤 파슬리 편집), 프랑크푸르트 1990, 31–35

제2의 천성과 같이 — 대단한 독서가였다. 그는 돈을 벌기 위한 직업에 갈등을 느끼고, 매일매일의 삶의 불행들에 갈등을 느끼고 있었다. 그러나 그것은 그가 예술가로서 겪는 갈등 중 한 부분이었다. 이때 카프카의 입장은, '자신의 작업에 만족하지 못하는 것은 예술가적 성공에 수반되는 불가결한 구성 요소'라고 주장하는 마르셀 프루스트와 비교될 수 있다. 이러한 점을 기억해야 하는 이유는, 1917년 10월부터 1918년 후반까지 짧은 시간 동안의 카프카에 대한 이해는 그리스도교 복음에 대한 창조적인 그의 대답의 기록과 연관될 때 올바르게 평가될 수 있기 때문이다. 이 시기에는 카프카는 인간이나 예술가에 대하여 해석하는 대신, 단지 그리스도교 믿음의 위대한 정신성과 본질성에 대하여 묻고, 묘사하고 있었다. 그것은 다음과 같은 핵심적인 문장, 즉 인간은 본래적으로 《이 세계》에 속하지 않고, 낙원에 속했다는 문장으로 나타난다.

《8절판 노트》와 『경구-메모 모음집』에 들어 있는 이 진술은 계시나 약속에 대한 주장이 아니라, 철저한 인간적인 자기 인식으로 이해되어야 한다. 그런데 과학은 인간을 인식하지 못한다. 왜냐하면 과학은 관찰된 자료들을 수집할 뿐이기 때문이다. 인간의 일상적인 자기 관찰을 포함해, 모든 관찰들은 인간에 대한 진정한 인식을 방해한다. 왜냐하면 모든 관찰들은 항상 《이 세계》만을 고집하는 오류를 범하기 때문이다. 카프카 역시 자기 관찰 안에는 필연적으로 자기 오해와, 더 나아가 자기 파괴가 놓여 있다고 보았다. 이러한 상황에서 그리스도교적 믿음에 대한 카프카의 이해에서 중요한 역할을 하는 것은, 근본적으로 가치와 비-가치라는 이분법 안에서 시작된 가치들이다. 이 가치들은 도덕적인 어조를 지니지만, 그 이상을 뜻한다. 그 가치들에서 중요한 것은 예의와 좋은 태도가 아니라, 보다 높은 의미에서 죽음과 삶의 문제이다. 《인식의 시작의 첫째 특징》이 《죽기를 원한다는 것》과 연결된다면, 그것은 단지 '삶의 감옥'으로부터 '죽음의 감옥'으로 시선이 바뀌었음을 뜻한다. 따라서 '처음 시작된 인식'은 아직 '믿는 자의 인식'은 아니다. 이런 점을 카프카는 그의 작품 안에서 환상적으로 보여 주고 있다.

> 이때(라이너 마르텐에 의하면, '죽음에의 소망'의 때) 아직 남아 있는 믿음이 함께 작용한다. 왜냐하면 주님이 우연히 이동 통로로 오셔서, 감옥(죽음)에 갇힌 자를 보고 말씀하시기 때문이다: 이 자를 다시는 가두지 말라. 그는 나에게 올 것이다.[24]

믿음은 죽음을 변화시킨다. 《남아 있는 믿음》은 죽음과 더불어 이미 전적으로 다른 것이 《온다》는 생각을 하게 한다. 따라서 《영원한 삶으로의 계단》[25]으로서 《우리를 구원하는 것》[26]은, 《이 죽음이 아니라》, 진정한 죽음(《진정한 의미에서 죽는 것》)[27]이다. 따라서 카프카의 경우 죽음과 삶이 문제가 된다는 것은, 실제로는 영원한 삶이 문제가 되고, 그 외에는 아무것도 아니란 의미를 지닌다.

  (진정한) 믿음과 (진정한) 인식이란 의미에서 진리는 가치 평가하는 일, 즉 가치의 세계를 극단적으로 둘로 나누고, 거짓을 비가치로 제외시키고, 그 외 제 3자적인 것을 허락하지 않는 일이다.[28] 《이 세계》는 거짓과 오해와 오류의 세계이다. 따라서 이 세계는 본래적으로 아무런 세계도 아니다. 단지 하나이고 전체인 정신의 세계만이 《진리의 세계》

---

24 프란츠 카프카, 『유고문서들』 II, 43(《8절판 G》)
25 프란츠 카프카, 『유고문서들』 II, 78(《8절판 G》)
26 프란츠 카프카, 『유고문서들』 II, 101(《8절판 H》)
27 프란츠 카프카, 『유고문서들』 II, 100(《8절판 H》)
28 프란츠 카프카, 『유고문서들』 II, 69(《8절판 G》)

이다.[29] 그리고 진리에서, 즉 진정한 진리에서 중요한 것은 바로 영원한 생명이라는 점이다. 그럼에도 이 세계에서의 삶에 익숙한 사람들에게 이 세계가 전적인 오류이고 혼란이라고 고발하는 것은 쉬운 일이 아니다. 그러나 비진리의 세계를 가장 적절하게 표현한다면, 그 세계는 악의 세계라는 것이다. 《이 세계》를 보여 주면서 이 세계의 악마성을 드러내는 것이 필요하다.

> 단지 정신적인 세계만이 존재하며, 우리가 감각적인 세계라고 부르는 것은, 정신적인 세계 안에 있는 악이다.[30]

이것은 인간세계에 대한 칼 바르트의 저주 못지않은 것이다. 칼 바르트는 그리스도가 《우리를 위한 신》[31]이라는 점을 항상 새롭게 제시하는 방식을 통해 자신의 극단적인 가치 평가의 정당성을 주장했다. 이와 달리 시인으로서 카프카는 반복적으로 인간 안에 있는, 인간적 존재와 본질 안에 있는 '파괴할 수 없는 것'을 강조하고 있다. 왜냐하면 이것은 인간의 정신성의 깊은 곳에 존재하는 것이기 때문이다. 따라서 카프카는 '절대적인, 비시간적인 미래'라는 공상적인 괴물을 개입시키지 않을 수 있었던 것이다.

누구든 뱀의 말을 듣고, 《이 세계》 안에서 자신의 형상을 만들려는 자는 《악》의 말을 듣는 것이다. 반면에 《스스로 자신의 깊은 곳을 향해

---

29   프란츠 카프카, 『유고문서들』 II, 82 이하(《8절판 H》)

30   프란츠 카프카, 『유고문서들』 II, 59(《8절판 G》)

31   로마서 8장 31절: 《신이 우리를 위한(hyper hemon) 분이라면, 누가 우리를 적대할 수 있겠습니까?》. 칼 바르트의 경우 《이러한 하나의, 유일한 진리 이외에》, 그리스도를 의심하게 하는 것이나, 《믿음의 기술들》과 《희망에 대한 과도한 집착》과 같은 것은 존재하지 않는다. 칼 바르트, 『로마서 강해』, 347-349

고개를 숙이는》자는, 자신 안에 있는 진리를 듣는 것이고,《자신의 선》을 듣는 것이다: 그것은《그대 자신인 바대로》[32] 존재하라는 의미이다. 존재는 항상 존재하며, 영원하다. 이런 한에 있어 인간은 자신의 존재를 얻기 위해, 애쓸 필요도, 죽을 필요도 없다. 누군가 '자신인 바대로'의 자신에《도달한다면》, 그는 더도 덜도 아니고, 바로 자기 자신을 인식하기 시작한 것이다. 즉 이때 그의 정신은 자신의 영원한 본질과 일치하게 된 것이다.

V

진리와 거짓, 선과 악, 삶과 죽음, 영원성과 시간 — 이렇게 배타적으로 양자택일적인 것은, 절대적으로 분리된 것을 구성적으로 연결하기 위해 'A뿐 아니라 B도'와 같은 창조적인 정신을 요구한다. 이러한 특징은, 정신적-종교적인 목적을 묘사하는 카프카의 방식 안에서도 지속적이고 잠재적으로 느껴질 수 있으며, 그의 언어적인 표현 안에서도 발견된다. 예를 들어, 우리는 진리 안에 있지만,《동시에》거짓 안에 있다. 이에 상응하는 또 다른 3가지의 이분법적인 것들이 있다. 믿음이《지속》되고, 그 믿음이 '파괴할 수 없는' 믿음이라고 하더라도, 이러한 믿음을 통해 거짓으로부터 진리로, 유한한 삶으로부터 영원한 삶으로,《이 세계》로부터 낙원으로의 절대적인 장소 이동이 일어나는 것이 아니다. 오히려 절대적으로 분리된 것을 조정하는 기적은, 카프카가 자기 자신을 위해(출간을 위해서가 아니라) 기록하고 있듯이, 언어적인 표

---

32 프란츠 카프카, 『유고문서들』 II, 42(《8절판 G》)

현의 기적으로 나타난다:

> 우리는, 그것을 여기서 알든 모르든 상관없이, 지속적으로 낙원 안에 머물러
> 있을 수 있었을 뿐 아니라, 실제로 우리는 지속적으로 그곳에 존재한다.[33]

우리의 선을 따라 우리는《그곳에》, 우리의 악에 따라 우리는《여기에》
존재한다. 이것은 인간적인 자기이해에 대한 시문학적인 걸작으로 나
타난다.

   믿음 안에서는《고통, 혹은 지복》이라는 양자택일적인 것이 견고하
게 유지되지 않는다. 왜냐하면 믿음은 '파괴할 수 있는 것' 안에서 '파
괴할 수 없는 것'을 고집하는 것이기 때문이다. 불교도에게 늙음이 고
통인 이유는, 늙음이 삶의 무상함(삶의 지나가 버림)의 표현이기 때문
이다. 따라서 불교도의 경우, 고통을 없애기 위해 필요한 것은 살아 있
는 육체성을 소멸시키는 일이다. 이와 달리, 행복을 추구하고 고통을
피하려는 공리주의자들은 늙음에 대하여 주름살을 펴고 화장하는 일로
대처할 것이다. 반면에 믿는 자의 경우, 무상함과《싸워 이기려고》한
다면[34], 그는 현실성에 대하여 거짓을 꾸며 내는 대신, 그 현실성과 겨
룬다. 그는 현실성을 믿음의 시문학의 영역에 위치시키면서, 현실성을
긍정한다. 즉 살아가면서 체험하고 겪은 고통은 고통이기는 하지만, 존
재해야 하는 고통이라고, 그는 믿음을 통해 규정하는 것이다. 믿음은
'파괴할 수 없는 것' 자체에 속하기 때문에, 믿음은 고통받는 자를 홀
로《이곳에》존재하도록 하지 않는다. 그는 이미《그곳에》도 존재한다.

---

33   프란츠 카프카, 『유고문서들』II, 62(《8절판 G》)
34   프란츠 카프카, 『유고문서들』II, 91 이하(《8절판 H》)

바울에 의하면 그리스도인은 그리스도를 모방하면서 그리스도의 고통에 함께하는 것이며, 이와 더불어 그는 이미 그리스도에 의해 성취된 구원에 이르는 것이다. 믿음 안에서 고통을 고통으로 완전히 맛본 자는, 바울이 도발적으로 묘사하는 것과 같이, 이미 지복성 안에 참여하고 있는 것이다. 카프카가 기록하고 있는 그리스도교 믿음도 이에 못지 않게 대담하다:《여기서》고통인 것은,《그곳에서》지복성이다. 믿음의 존재(《존재한다》는 동사적 의미), 즉 믿음의 진리는 두 세계를 서로 연결시킨다. 이것이 뜻하는 것은 철학적으로 고통의 실체는 남아 있고, 그렇게 보존되지만, 믿음의 기적은 그 고통이 또 다른 세계 안에서는 지복성이라는 것을 발견한다는 의미이다:

> 단지 여기서 고통은 고통이다. 그러나 그 고통으로 인해 여기서 고통받는 자들이 다른 어떤 곳으로 높여지는 것은 아니다. 오히려 이 세계 안에서 고통이라고 불리는 것은 다른 세계 안에서도 변함없이 고통이다. 그러나 그 고통은 고통-지복성이라는 대립으로부터 벗어난 의미에서 지복성을 뜻한다.[35]

믿음의 시각에서 볼 때 고통은 본래적으로 고통이 아니다 마찬가지로 기쁨도 본래적으로 기쁨이 아니다. 그럼에도 '이곳'과 '그곳'을 동시에 보고 있는 믿음의 시선을 너무 간단히 도식화시켜서는 안 된다. 단지 믿음의 눈으로 바라보는 자만이 사태 연관성을 풍요롭게 볼 수 있는 시각을 갖게 되지만, 여기서 고통인 것이 그곳에서는 지복성이라는 식으로 보는 것은 아니다. 그것은 그렇게 《간단한》 문제가 아니다. 말하자면 이곳에서의 고통은 우선적으로 현실적인 고통이다. 그러나 단지

---

35   프란츠 카프카, 『유고문서들』 II, 135(『경구-메모 모음집』)

믿음을 통해 그 고통은, 여기(이 세계)에 속하는 것과 전혀 다른 것이
될 수 있다. 사람들이 고통으로 경험하는 것과 달리, 그 고통은 믿는 자
의 높이에 의해 조율된다. 그때 매우 중요한 특징이 발견된다. 그 고통
은 '이곳'에서 '그곳'으로 이행할 때 나타나는 '불안을 수반하는 고
통', 즉 자기 자신이 만들어 낸 고통이라는 것이다.

　이런 점은 마르틴 하이데거의 사상에서도 분명하게 나타난다. 하이
데거의 경우 정신적 실존이 마주하는 죽음은 삶을《떠나는 것》이 아니
라,《가장 고유한 존재 가능성》(언제라도《죽을 수》있음, '그런 경우
일 수 있음', '그렇게 이해함'이란 의미를 지닌다)을 뜻한다. 이러한 존
재 가능성을 하이데거는《죽음에의 존재》라고 부른다. 하이데거에 의
하면 정신적으로 실존하는 자는 생명의 '끝에 대한 불안' 대신, 자신의
가장 고유한 '존재 가능성에 대한 불안'을 느낀다. 즉 그는 죽음이라는
실제 사건이나, 죽음에 접어들었다는 사실에 대한 불안이 아니라, '죽
음에의 존재'에 대한 불안을 느끼는 것이다. 이에 상응하게 카프카의
경우, 믿음의 목표는 단지 믿음이 향하는 목표점(끝)에 있는 기쁨이 아
니라, 오히려 이 삶의 기쁨 자체에 있다. 그런데 그《삶의 기쁨》은《그
의 불안》뿐 아니라,《우리들의 불안》, 특히《더 높은 삶에로의 상승》에
대한 불안을 수반하는 기쁨이다.[36] 그의 삶을 고통스럽게 한《삶의 괴
로움들》은 이제 다시 믿음의 관계 안에서 해석된다. 즉 이러한 괴로움
들은 위에서 언급한 불안에 의해《우리 자신들의 괴로움들》이 된다.[37]
여기에는《지금 우는 자는 복이 있다. 왜냐하면 그들은 웃게 될 것이기
때문이다》,《지금 웃는 자에겐 화가 있을 것이다! 왜냐하면 그들은 울

36　프란츠 카프카, 『유고문서들』 II, 81(《8절판 H》)
37　프란츠 카프카, 『유고문서들』 II, 81(《8절판 H》)

고 탄식할 것이기 때문이다》라고 말하는 《산상수훈》과 같은 초월의 변
증법은 없다.[38] 산상수훈과 비교할 때, 카프카는 '시간적인 현재'를 다
른 방식으로 보고 있다.

카프카에 의하면, 무상한 것으로서 《이 세계》는 불교도나 앵글로색
슨적인 행복 추구자보다 그리스도교도에게 더 가치가 있고 중요하다.
왜냐하면 그리스도인에게 이 세계는, 역설적으로, 죄의 세계이기 때문
이다. 단지 이를 통해 이 세계는 그리스도교도를 진정으로 억누르는 압
박의 장소가 된다. 즉 이 세계는 죄에 의해 압박받는 장소가 되며, 동시
에 《우리의 시간의 정당성에 대하여, 이전에 내려진 영원한 판결에 대
한 확신》[39]을 통해 압박받는 장소가 된다. 믿는 자에게 압박감(바울의
표현; thlipsis)은 병리학적인 의기소침이란 특징을 갖지 않는다. 오히
려 압박감은 삶에 고유한 광채와, 또 다른 삶을 지시하는 전조를 제공
한다. 죄를 믿는 자는 구원도 믿는다. 죄의 고통을 믿는 자는 천상의 지
복성을 믿는다. 시간적인 현재 속에 살아가는 믿는 자에게 믿음은 하나
이다. 즉 죄에 대한 믿음과 구원에 대한 믿음, 고통에 대한 믿음과 지복
성에 대한 믿음은 하나이다. 유년기부터 노인, 죽음에 이르기까지 모든
삶의 단계를 통해 수행되는 개별적인 삶의 성장 과정에서[40] 겪는 고통
들과 기쁨들은 — 믿는 자들의 경험에 의하면 — 단지 낙원으로부터,
낙원을 향할 때, 이해될 수 있는 것이다.

《이 세계》는, 그 안에서 우리가 길을 잃었다는 이유만으로 파괴되지
는 않는다. 오히려 우리의 거짓과 세계의 거짓은 이 세계의 존재를 뜻

38　누가복음 6장 21-25절, 마태복음 5장 3절 이하와 달리, 여기서는 Eutychien(웃
는 자)이 Dystychien(우는 자)과 연결되고 있다.

39　프란츠 카프카, 『유고문서들』 II, 135 이하(『경구-메모 모음집』)

40　프란츠 카프카, 『유고문서들』 II, 137(『경구-메모 모음집』)

한다.[41] 그러나 동시에 이 세계는《단지 하나의 이행》을 뜻할 뿐이다.[42]
우리는 이 세계 안에서의 삶에 대하여《따져 보아야》한다. 더 정확히
말하면, 우리는 우리가 살아가는 삶에서 진리와 거짓을 어떻게 구분해
야 하는지 관찰하고 따져 보아야 한다. 이렇게 따져 묻는 대표적인 인
물로서 카프카는 ─ 당연히 남성적인 시각에서 ─ 여성에 대하여 다루
고 있다. 남성들이 자신들의 정신적인 존재와 본질을 여성과의 관계 속
에서 정당화하려고 한다면, 남성들은 진리에 대하여 말하고 있는 것인
가? 혹은 그들은 유혹에 빠지는 것인가? 그런데 남성의 경우, 여성에
의해 유혹받는 것은 매혹적이기도 하고, 동시에《좋지 않은 일》이기도
하다. 왜냐하면 그것은 선한 것(남성의 정신적인 본질)을 악한 것(감각
적인 것)으로 이끄는 일이기 때문이다:《여성의 눈길은 우리를(남성
들) 그녀의 침대 안으로 유인한다》.[43] 카프카가 명시적으로 지적하고
있는 부부간의 사랑은 악이다. 왜냐하면 그것은 감각적인 것이기 때문
이다. 정신적인 세계의 한 부분으로서 감각적인 것은, 선의 한 부분으
로서 악을 의미한다. 믿음을 통해 해석한다면, 시간성과 영원한 것을
중재하는 일이나, 진리와 분란을 중재하는 일에는 이러한 역설적인 의
미가 포함되어 있다.

　감각적 세계와 정신적 세계를 중재하는 일은 감각적 세계에 대한 긍
정으로 이어지지 않는다. 자신의 진정한 자기에 대하여 아주 작은 예감
이라도 갖는 인간은 악을 긍정할 수 없다. 이것이 불가능하다는 것을

41　프란츠 카프카, 『유고문서들』 II, 83(《8절판 H》)
42　프란츠 카프카, 『유고문서들』 II, 95(《8절판 H》)
43　프란츠 카프카, 『유고문서들』 II, 95(《8절판 H》) II, 114:《가장 실제적인 악의
도구 중 하나는 투쟁을 유발시키는 것이다. 그러한 것으로는 침대 안에서 끝나는 여성
들과의 투쟁을 들 수 있다.》(『경구-메모 모음집』. 수기 전체 안에 연필로 칠해져 있음.)

낙원에 있는 두 그루의 나무들이 보여 주고 있다. 카프카는 두 진리들의 차이점을 구분하고 있다. 인식의 나무의 진리는, 그것이 악과 선의 인식을 뜻하는 한, 양가적인 의미를 지닌다. 반면에 생명의 나무의 진리는 《선 자체》를 뜻한다. 진정한 본질을 고려한다면, 사람들은 단지 생명의 나무의 진리를 필요로 한다. 따라서 카프카는 인간의 존재(본질)로부터 성적인 것을 제외시킨다. 예를 들어 이슬람교도의 경우, 그들은 진정한 고향인 저 세계에서 최고의 성적인 기쁨을 맛볼 수 있으리라는 예언을 믿고 있는데, 이와 달리 그리스도교 믿음에 대한 카프카의 이해에 따르면, 그리스도교들의 유일한 목적은 영원한 생명이며, 거기에는 남성과 여성에 대한 다양한 구분들은 배제되어야 한다는 것이다. 하이데거 역시 인식의 나무로부터 거리를 두면서, 단지 생명의 나무만을 다루고 있다.[44] 그러나 그는 인식의 나무의 진리를 인간의 성적인 발견이 아니라, 오히려 과학의 발견과 연결시킨다. 카프카와 달리 하이데거는 인간이 감각적인 악으로부터 해방되기보다, 오히려 과학적 진리에 근거한 문명으로부터 해방되기를 원했다. 타락한 죄로서 에로스, 타락한 죄로서 테크네 — 이 모든 것은, 그리스도교 교리에 의하면, 신을 거역하는 행위이고, 철학자와 시인에 의하면, 인간의 본질을 거역하는 행위이다. 이러한 해석에 의하면, 인간의 신화적인 자기 해석이며, 동시에 인간적인 역사의 시작에 대한 이야기인 창세기, 말하자면 인간이 대지 위에서 거주하기 시작한 것에 대한 이야기인 창세기는 20세기 초반에도 여전히 유효한 시대적 사건에 대한 이야기, 즉 인간이 자신에 대한 규정을 상실한 시대적 사건에 대한 이야기라고 볼 수 있다.

44　라이너 마르텐, 『정신의 극단성. 하이데거-바울-프루스트』, 23-28

VI

우리는 낙원 안에 살도록 창조되었고, 낙원은 우리에게 도움이 되도록 규정 되었다. 그런데 우리들에 대한 규정은 변화하였다. 그러나 낙원에 대한 규 정은 변화하지 않았다.[45]

모든 인간은 자신의 삶을 살고, 자신의 죽음을 죽는다.[46] 삶은 인간 에게 과제로 주어진 것이다[47] — 생명이 있을 때까지. 그러나 카프카의 판결에 따르면, 인간에게는 자신의 유한한 삶을 긍정하고 시인하는 것 이 허용되지 않는다. 삶의 모든 순간, 삶의 모든 시간적 현재는 우리들 이 죄의 상태에 있음을 보여 준다.[48] 그리스도교적 해석을 따르면, 인간 의 삶은 전적으로 선, 진리와 대립된다. 따라서 삶과 죽음에 대한 요구 를 받아들인다 하더라도, 그것과 더불어 선한 존재가 되는 것은 아니 다. 바울, 루터, 칼 바르트와 같이, 카프카는 삶의 시간성을 정당화할 필요가 있다고 진술한다. 그러나 어떻게 그런 일이 일어날 수 있는가? 만약 삶이 견디기 어려운 것이라면, 다소간의 기쁨과 삶에 대하여 인정 하고 살아가는 방법 외에, 어떻게 다른 삶의 시간을 시작할 수 있는가? 이 질문에 대하여 카프카가 대답할 때, 중요한 단어들 중 하나가 '원 함'이다. 인간은 《여기에》 살면서, 이 사실을 정당화하기 위해, 《그곳 의》 삶을 《원한다》. 바울을 인용하고, 그리스도의 은총을 언급하는 대

---

45   프란츠 카프카, 『유고문서들』 II, 72(《8절판 G》)
46   프란츠 카프카, 『유고문서들』 II, 99(《8절판 H》)
47   프란츠 카프카, 『유고문서들』 II, 71:《우리들의 과제는 우리의 삶만큼이나 거대 하며, 그것은 마치 무한성처럼 보이기도 한다.》(《8절판 G》)
48   프란츠 카프카, 『유고문서들』 II, 89(《8절판 H》)

신, 카프카는 정통 교리의 방식이 아니라 사변적인 직관을 통해, 우리의 시간성이 《영원성 안에》[49] 있다고 정당화할 수 있는, 유일한 가능성에 대하여 설명한다. 그 가능성은 시간과 영원을 중재하는 일이지만, 실제로 그것은 불가능해 보인다. 그러나 그것은 믿음의 시문학으로서는 가능한 일이다. 이러한 시문학은 《여기의》 고통을 《그곳의》 지복성과 중재한다는 의미에서 매우 큰 중요성을 지닌다.[50]

다른 세계와 영원한 삶에 대하여 카프카가 예감하고, 기획하고 있는 것은,[51] 또 다른 삶의 '생동성'의 순수한 흔적을 드러내는 일이다. 그는 이 세계의 삶에 덧칠을 하려고 하지 않는다. 즉 그는 근원적으로 삶이 인간에게 어떠한 것으로 규정되어야 하는지 덧칠하지 않으며, 또한 '없는-장소'란 의미의 낙원, 즉 유토피아라는 덧칠도 하지 않는다. 카프카는 '영원한 삶'이란 본래적으로 '죽은 것 같은 삶'이라는 것을 명확히 표현하고 있다: 영원한 삶 안에서 지배적인 것은 평안 정적인데, 이것들은 본래 '살아 있는 죽음'에 대한 표상에 불과한 것이다.

진정한 삶에 대한 (이렇게) 놀라운 규정은, 이미 낙원에 있는 두 그루 나무의 진리를 구분하면서 시작된다. 인식의 나무의 진리는 《행동적인》 진리인 반면, 생명의 나무의 진리는 《평안의》 진리이다. 한가함은 《모든 덕들의 으뜸》[52]이며, 조급함은 아마도 《최고의 죄》[53]이고, 정적은 《선을 에워싸는 성벽》[54]일 것이다. 이런 표현이 가능한 이유는, 카

49 프란츠 카프카, 『유고문서들』 II, 89(《8절판 H》)
50 프란츠 카프카, 『유고문서들』 II, 83(《8절판 H》)
51 프란츠 카프카, 『유고문서들』 II, 84: 생명의 나무의 진리는 우리에게는 《예감의 방식》으로 주어진다.(《8절판 H》)
52 프란츠 카프카, 『유고문서들』 II, 55(《8절판 G》)
53 프란츠 카프카, 『유고문서들』 II, 33(《8절판 G》)
54 프란츠 카프카, 『유고문서들』 II, 47(《8절판 G》)

프카가 정신적 실존과 정신적인 세계를 가장 순수한 '우리-주위-존재'(실재적 존재)로 묘사하기 원했기 때문이며, 그가 약간이라도 '살아 있는 징후가 있는 존재' 모두를 정신적인 것과 선한 것으로부터 배제하기 원했기 때문이다. 따라서 하늘은 당연히《말이 없다》[55]. 그리고 《말이 없음》은《완전성》[56]의 속성이다. 어떠한 소음도 없고, 어떠한 운동도 없으며, 단지 하나의 목적, 즉《최종적 목적》인《평안함》[57]이 존재할 뿐이다. 이렇게 그리스도교적 믿음과 희망에 대한 카프카의 해석은, 남성과 여성에 의해 수행되는 삶을 미워하라는 부당할 정도의 정신적인 요구와, 동시에《절대적인 것 안에서의 평안함》[58]을 통해 지복성을 찾으라는 요구를 통해 완성된다. 그러나 이러한 삶은, 지복적인 '죽은 존재'와 무엇이 다르겠는가? 그럼에도 불구하고, 지복적인 '죽은 존재' — 이것은 카프카에게 가장 중요한 단어, 믿음의 단어, 시문학적인 단어인 것이다.

55   프란츠 카프카,『유고문서들』II, 58(《8절판 G》)
56   프란츠 카프카,『유고문서들』II, 50(《8절판 G》)
57   프란츠 카프카,『유고문서들』II, 103(《8절판 H》)
58   프란츠 카프카,『유고문서들』II, 92(《8절판 H》)

9장

지오바니 보카치오 – 고트홀트 에프라임 레씽: 반지 우화

유대교, 이슬람교, 그리스도교는 서로 다른 믿음의 방식을 가지고 있다. 이 종교들은 자신들의 믿음의 차이를 정신적인 진리의 차이로 드러내고 있다. 각각의 종교는 일신교 셋 중 단 하나만이 진리일 수 있다고 생각하고 있다. 즉 자신의 종교만 진리라는 것이다. 그런데 각각의 종교의 고유성은 인정하면서도, 특정한 종교가 절대적인 진리라는 요구는 거부하도록 하는 것이 가능하지 않은가에 대한 논란이 계몽주의 시대부터 있어 왔다. 오늘날에는 《창조적인 무차별성》[1], 《세계 윤리성》[2]과 같이, 평등한 가치를 부여하려는 제안들이 유행하고(en vogue) 있다. 이보다 전에, 종교들 간의 화해에 대하여 숙고하고 있는 이야기가 있었다. 그것은 반지 우화이다. 반지 우화는, 겉으로 똑같아 보이는 세 반지들, 즉 세 종교들이 어떻게 하면 종교를 믿는 자와 계몽주의자의 눈에 똑같이 보일 수 있는지, 어떻게 하면 진리의 차이라는 주장이 의

---

1   살로모 (미노나) 프리드랜더, 『창조적인 무차별성』(하르무트 게르켄/ 데트레프 틸 편집), 헤르싱 2009

2   한스 큉, 『세계정치와 세계경제를 위한 세계 윤리성』, 튀빙겐 1997

미 없어질 수 있는지를 보여 주고 있다.

I

100개의 이야기들을 다루고 있는 데카메론³의 셋째 이야기 안에는《애매한 사건》이 보고되고 있다. 외면적으로 볼 때 거기서 문제가 되는 것은 신과 신에 대한 믿음이지만, 실제로는 돈이다. 새로운 전쟁을 준비하기 위해 호전적인 왕에게 많은 돈이 필요했다. 그는 자신의 신하들 중 가장 부유한 유대인을 오라고 한다. 왕은 그에게 물리적인 수단이 아니라,《이성적으로 치장한》권력을 통해 자신이 요구하는 돈을 내도록 압박한다. 왕은 그를 올가미에 걸어 놓을 수 있는 질문을 제시한다. 그것은, 유대교, 사라센 종교(이슬람교), 그리스도교 셋 중 어느 종교를 진리로 여기는가 하는 질문이다. 유대인은 이것이 무엇을 의미하는지 인식했다. 그리고 자신을 구할 수 있는 것은 단지 예리하고, 세계를 조망할 수 있는 오성(senno；지혜, saviezza；현명함, ingegno；재치)이라는 것을 명확히 알았다. 그리고 이 이야기의 작가가 입증하려는 것은 어리석은 자는 패자가 되고, 깨어 있는 정신은 승자가 된다는 사실이다.

신과 종교의 진리 앞에서, 지금 유대인은 곤궁에 처하게 되었다. 호전적인 왕은 유대인에게 무엇이 진리인지 묻는 대신, 그가 이 곤경으로부터 벗어날 능력이 있는지 시험해 보기로 했다. 이때 중요한 것은 진리성이 아니라, 스스로-구실을-찾아-말하는 기술(예술)이다. 왜냐하

---

3   지오바니 보카치오, 『데카메론』(로무알도 마로네 편집), 4판, 로마 2012, 59 이하

면 세 일신론적 종교들을 진리와 연결시키는 것은 그에게 좋은 방식이
아니기 때문이다.

명석한 유대인의 머리에 곧바로(prestamente) 하나의 이야기가 떠
올랐다. 다행히 그 이야기는 유대교 믿음에 대한 그의 자연스러운 애정
을 숨겨줄 수 있었다. 그는 반지의 비유를 선택했다: 하나는《진짜》반
지이고, 나머지 둘은 거의 비슷하게 모방된 반지였다. 세 아들들은 죽
어 가는 아버지로부터 반지들을 물려받았다. 아버지는 모든 아들을 동
일하게(parimente) 사랑하고 있었다. 아버지의 죽음 후, 아들들은 유
산으로 물려받은 세 반지 중 어느 것이《진짜》반지인지 다툰다. 그러
나 분쟁을 조정하는 것이 불가능하다는 것을 알아챈다.

이 예술작품은 침묵하고 있는 진리와, 올가미를 놓은 질문으로부터
방어하는 데 성공한 이야기를 다루고 있다. 그 마지막 부분은 다음과
같이 묘사된다. 세 종교들 중 하나의, 단 하나만이 진정한(진리의) 종
교이다. 그러나 그것이 어떤 종교인지에 대하여는 누구도 알 수 없다.
왜냐하면 반지들이 모두 동일하기(si simiglianti, si simili) 때문이고,
진짜 반지를 모방해 만든 사람조차도 그 반지들과 진짜 반지를 결코
(appena) 구분할 수 없기 때문이다. 신, 단지 신만이 진정한 종교가 무
엇인지 알 수 있다. 반면에 인간들에게 진정한 종교에 대한 질문은(la
quistione) 항상 논쟁거리로 남아 있을 수밖에 없다.

유대인은 자신의 목숨을 건졌다. 그러나 이 이야기가 종교에 관하여
보여 주는 교훈은(Fabula−docet) 만족스럽지는 않다. 왜냐하면 종교들
간의 평화는 또다시 연기되었기 때문이다. 그럼에도 이《이야기》안에
서, 사라센인과 유대인 모두 어느 종교가 진정한 일신론 종교인지 알
수 없다는 점에 동의하고 있다. 이러한 점은 전쟁을 위해 돈을 요구하
고 있는 그리스도인에게도 적용된다. 그는 이러한 것에 대해 질문조차

하지 않고 있다. 왜냐하면 이 이야기는 페스트가 창궐하던 아주 우울한 시절에《젊은 귀부인》을 즐겁게 해 주기 위한 이야기였기 때문이다.

II

레싱은 그의 희곡 『현자 나탄』에서 《이슬람교도》로부터 질문 받고 있는 유대인에 대하여 이야기하고 있는데, 그의 작품 속에서 세 개의 반지에 대한《우화》의 주제는 질문받은 자가 어떻게 구원받을 수 있는지에 놓여 있다.[4] 어떤 종교가 가장 마음에 드는지 질문 받은 자는 자신이 진리를 말해야 하지만, 말할 수 없는 딜레마에 처해 있다는 것을 알아챈다. 여기서도 경제적인 부자와 정치적인 권력자가 서로 대립하고 있다. 여기서 중요한 것이 실제로 믿음의 진리에 관한 것이었다면, 즉 《드러난 대로, 적나라하게》믿음의 진리에 관한 것이었다면, 그 진리를 《숨기지》않는 자에게는 순교자와 같은 질문이 던져졌을 것이다. 왜냐하면 그는 그의《육체와 생명! 재산과 피!》를 걸고 대답해야 하기 때문이다. 그런데 질문 받는 자는 이《경우》문제가 되는 것이 돈이라는 것을 알아챈다. 그러나 이것은 진리의 도덕을 변화시킨다. 이제 대답 하는 자는, 자신의 믿음을 위해 순교를 각오해야 하는 자가 아니라, 자신의 구원을 위해 자신의 지혜를 사용하는 자이다. 물론 그는 현자로서 진리의 편에 서야 한다. 그러나 지금 그는 자신을 괴롭히는 진리의 딜레마를 무력화시킬 능력이 있다. 자신이 유대인이라는 확실한 사실을

4　고트홀트 에프라임 레싱, 『현자 나탄』, in : 『고트홀트 에프라임 레싱 전집』 2권 (칼라흐만 편집/ 벤델린 폰 말트찬 수정), 라이프치히 1853, 268-278

거부해서도 안 되고, 긍정해서도 안 된다면, 그는 진리를 거역하지 않는 제 3의 길에 도달해야 한다.

현자가 선택한 그 길은, 진리의 장소를 바꾸는 일이다. 진리를 조작하는 대신, 그는 믿음의 진리로부터 중요치 않은 것을 제거하며, 진리에 이르는 직접적인 입구와 진리에 대한 이해와 고백도 제거한다. 스스로 진리의 인간으로 남으면서, 동시에 그 진리를 드러내지 않기 위해 그가 할 수 있는 일은, 실제로 진리를 알기 원하는 이슬람교도(왕)의 욕망을 제거하는 것이 아니라, (진리를) 은폐시킬 수 있는 '비유' 안으로 진리의 장소를 옮기는 것이다. 이때 진리는 말해지지만, 인지되지 않는다. 현자는 자신이 시인임을, 특히 이 경우엔 (『데카메론』에 대한) 개작 시인임을 보여 주고 있다. 헤겔에 의해 유명해진 "지양함"(aufheben)의 세 가지 의미는 여기서 존중되고 있다. 일신론 종교들 셋 중 가장 마음에 드는 종교에 대한 진리는 보존되고, 고양되며, 무화시키는 힘 안으로 사라지지 않는다.

『현자 나탄』의 저자인 레씽은 어느 종교에도 속하지 않았다. 그는 세 종교들 중 어느 종교가 참된 종교인지 서로 싸우는 것을 조정하기 위해, 어느 종교에도 참여하지 않았다. 그러나 그는 이 이야기를 새롭게 재해석하면서, 서로 화해할 수 없는 세 종교들이 갖고 있는 자기 이해에 대하여 『데카메론』의 저자 보카치오와 전혀 다른 제안을 내놓고 있다. 그것은 놀라운 일임에 틀림없다.

첫째로 눈에 띄는 것은, 레씽이 《진짜》 반지를 비교할 수 없을 정도로 가치 있는 것으로 만들었다는 점이다. 하나의 반지만이 극단적으로 아름답고(belissimo), 가치 있는 반지라고 하는 대신, 놀랍게도 그가 《강력하게》 제시하고 있는 것은, 다른 사람들뿐 아니라, 신까지도 만족시키는 자가 끼고 있는 반지가 《진짜》 반지라는 것이다. 반지는 그를

《호감이 가는》사람,《사랑하고픈》사람으로 만든다. 그런데 진짜 반지의 가치는 분명히 다르지만, 아들들을《동일하게》사랑하는 아버지의 유산이란 시각에서 볼 때 모든 반지들은 동일한 것이다. 그러나 동일한 반지들이 만들어진 이유는, 세 아들에 대한 아버지의 사랑이 동일하기 때문이 아니라, 그의《경건하지만, 여린 마음》때문이었다. 따라서 아버지는 새로운 반지들을 만들도록 가차 없이 지시했으며, 그 반지들은 《진짜 반지》와《완전히》동일하게 만들어졌다. 이때 누가 그 반지들을 만들었는지에 대한 이야기는 없고, 단지 반지들을 전달하는 아버지에 대한 이야기가 묘사되고 있다: 이제는 아버지도 반지들을 더 이상 구분할 수 없다. 그러나 레씽의 경우 모든 반지들은 외면적으로 구분되지 않지만, 진짜 반지 자체는, 보카치오와 달리,《결코 구분될 수 없는 것은 아니다》.

이것은 또 다른 사상으로 이어진다. 여기서《완전히 동일한》이란 말은 전적으로 외형적인 표현에 불과하다. 그는 완전성에 대한 사상과 연관해, 나머지 두 반지들이 첫째 반지와 본질적으로 동일하다고 주장하려고 하지 않는다. 오히려 그가 외형적으로 동일성이란 표현을 쓴 목적은, 그 반지들이 인간에게는 구분 불가능하지만, 그럼에도 구분 자체는 본질적으로 지양되지 않는다는 점에 있다.《진짜》반지는 단 하나이지만, 세 반지들 중 어느 것이 그것인지는《증명할 수 없다》는 것이다.

진정으로 올바른 반지 비유로부터 진정으로 올바른 믿음에로의 도약은 전적으로 성공하지는 못한다. 그 사이에《거의》라는 단어가 개입된다. 올바른 반지와 마찬가지로, 올바른 믿음은《거의》증명 불가능하다. 세 아들 모두를 속인 아버지의《경건하지만, 여린 마음》때문에, 그들은 괴로움을 당하고 있다. 그래서 그들은 이 문제를 법정으로 끌고 간다. 그러나 이 모든 과정을 알고 있는 재판관은 다음과 같이 판결을 내리는데, 이것은 레씽의 대단하고 노회한 정신적인 성과를 보여 준다: 간계를 숨기고 있는 아버지가(제우스신조차도 간계를 지닌다!) 가짜 반지 세 개를 만들도록 한다는 생각을 통해, 이제 믿음의 가능성, 혹은 믿음의 필연성이 생겨난다. 진리에 대한 증명이나 확신으로부터 '진리로-간주함'에로의 도약을 이끌어 내기 위해 레씽이 묘사하고 있는 재판관은, 이제 자신이 재판관이라는 것을 포기하고, 그 대신 인간적인 조언자 역할을 한다: 세 아들들 모두는 자신의 반지가 아버지가 준 진짜 반지라고 믿어야 한다는 것이다. 물론 이것이 가능하려면, 그 반지를 지닌 사람이 대지와 하늘로부터 호감을 받을 수 있어야 한다는 것, 즉 그 반지는 이러한 기적의 능력을 자체 안에 순수하게 지니고 있어야 한다는 것이다. 이러한 주장을 레씽은 세 가지 질문을 통해 암시하고 있다:《반지의 기적의 능력은 단지 자신에게만 돌아오는가? 그리고 밖으로는 작용하지 않는가? 그대들은 각자 자신만을 가장 사랑하는가?》이러한 주장은, 이제 각각의 종교가 자신의 종교만을 주장하고 소유하는 대신, 오히려 다른 두 종교들과 자신을 진지하게 비교해 보아야 한다는 주장으로 이어진다. 이와 더불어 믿음은 자신의 가장 심오한 수준에 도달한다. 즉 믿음은 단순히 '진리로-간주함'이 된다. 이러한 생각의 배후에는, 모든 반지가 다 가짜일 수 있다는 생각도 놓여 있다. 물론 이러한 주장에는 계몽주의의 악의적인 냄새가 나기도 한다: 각자는 자신에게 가장 좋은 것을 믿으라. 그러나 그것을 가지고 뻐기지는 말아라, 제발![5]

---

5 철학자 쿠르트 휩브너는 레씽의 관용의 원리가 그리스도인으로 하여금 믿음의 정수로 이끈다고 강조한다. 물론 그가 그리스도교 믿음에 대하여 묘사하고 있는 것은 다른 모든 종교를 믿는 자에게도 동일하게 적용된다는 것이다. 그러나《그들의 영혼 깊은 곳에서 포착하는 절대자에 대한 경험》에 대하여 말하고, 그들에게서 나타나는《동일하

　　보카치오의 경우 세 종교 중 어느 것이 진정한 종교인가에 대한 논쟁
이 가능하다면, 레씽의 경우, 그가 세 종교 모두를 그 가능성에 있어 올
바르지 않은 종교로 보고 있는지 여부에 대한 논쟁이 가능하다. 레씽의
경우, 만약 단지 하나만이 올바른 종교이어야 한다면, 그것은 믿는 자
의 내면에서 일어나는 단순한 '관심사 같은 것'(Als-ob-Gelegenheit)
으로서, 더 이상 논쟁할 필요가 없는 것이다. 이렇게 계몽주의 시각으
로 종교를 해명하고 있는 레씽에 의하면, 종교에 참여하지 않는 경우
종교적인 진리를 위한 논쟁은 결국엔 잠들게 된다는 것이다. 그러나 이
와(계몽주의적 시각) 더불어 다음과 같은 견해도 사라지게 된다. 즉 일
신론적 종교들은 자신들 안에서 공통적으로 가능한 실천적 삶의 열매
들에 힘입어 유지되며, 그것들의 시문학성에 의해 알려지게 된다는 견
해도 사라지게 되는 것이다. 불가능한 것을 드러내는 능력으로서 시문
학을 통해 불가능한 것이 가능한 것으로 될 때, 바로 그때 일신론적 종
교들 모두가 본질적으로는 동급적이고 동질적이라는 사실을 알 수 있
는 것이다. 물론 레씽이 반지 우화를 필요로 했던 이유는, 의심할 바 없
이 관용의 사상을 위해서이다. 그가 묘사하고 있듯이, 그것은 관용적인
자들을 위한 선물이다. 그들은 이러한 삶을 진지하게 살아갈 것이다.

고, 경건한 감동》을 인정하더라도, 그는 《신적 계시의 빛이 모든 종교에게 동일한 명료
성으로 비추는 것은 아니라고》 확신한다. 그리스도교가 아닌 모든 종교들은 《절대적인
유효성》이라는 그리스도교적인 요구와 비교하면, 기껏해야 상대적인 종교성에 불과하
다는 것이다. 결국 그리스도교적인 사랑의 계명이 다른 종교들을 《억압》으로부터 보호
해야 한다는 것이다. 휩브너가 다른 종교들에도 《모든 경의》를 표하고 있다면, 그것은
존경이 아니라, 관대함을 의미할 뿐이다. 왜냐하면 그에 의하면 실제로 올바로 신을 믿
는 자는, 누구라도 그리스도교적인 삼위일체를 믿어야 하기 때문이다. 초월적 경험을
갖는 모든 다른 종교들은, 추기경 요셉 라칭거가 명명하듯이, 단지 《대립절적인 종교》
에 불과하다는 것이다. 쿠르트 휩브너, 『세계종교들과의 경기에서 그리스도교. 관용에
대하여』, 튀빙겐 2003

그러나 동시에 그들은 일반적인 사람들의 공통적인 삶을 위해 필요한 사람들이 아니라는 것도 분명해 진다. 레씽의 드라마 안에 등장하는 현자와 정직한 자는 영향사적으로 큰 갈채를 얻었지만, 레씽이 제시한 '평준화시키는 화해' 라는 꿈은, 실제로는 세 종교가 존재해야 할 근거를 제공하지 못하고 있는 것이다.

10장

신과 함께 – 신 없이

I

삶에서 중요한 것은 신뢰이다. 신뢰 없이 살아가는 자에게는 타자와 더불어 사는 삶이나 자기 자신만의 삶을 기쁨과 확신 속에서 살아갈 기회가 적으며, 자신이 어려움과 곤경, 고통에 처했을 때, 그것을 조용히 참고 긍정할 수 있는 기회도 적다. 그런데 인간은 삶 자체로부터 삶에 대한 신뢰를 얻는 대신, 처음부터 자신의 삶에 대한 신뢰를 더 높은 힘들에게 요청했다. 인간은 자신보다 우월한 힘들에게, 인간과 절대적인 거리를 지닌 자라는 속성을 부여했고, 그들은 인간의 고유한 느낌, 욕망, 사유, 이해와는 항상 낯선 존재들로 여겨졌다. 이러한 존재들에게 제시된 특출한 속성은, 그들이 순수하게 자유로운 의지를 지닌 존재들이라는 것이다. 그 의지는 — 구원의 경우든, 재해의 경우든 — 결코 파악될 수 없고 이해할 수 없는 것이다. 구원이든, 재해든, 이것들은 진정한 삶을 이루기 위한 걱정거리들로서 전적으로 다른 의지에 의해 발생한다. 이것들에 대하여 어떻게 느끼고 해석하든, 이것들을 통해 드러나는 호의, 축복, 분노, 형벌은 인간의 신뢰를 강화시킨다. 자신에게 고유한 삶의 염려들로부터 안전하기 위해 파악될 수 없는 것, 이해 불가능한 것에 자신을 자발적으로 맡기고, 가장 높은 힘을 통해 삶의 염려들을 자신의 몫으로 받아들이는 것은 좋고 정당한 일일 수 있지만, 바로 이 때문에 삶은 파괴되기도 한다.

절대적으로 낯선 존재의 의지를 신뢰한다는 것은 초월의 문제이다. 강조해 말하면, 자신의 삶에 진정으로 도움이 되는 것을 발견하기 위해, 인간은 자신과 자신의 가능성으로부터 벗어나기를 시도하며, 자신이 마음대로 할 수 없는 전적인 타자의 의지(욕망) 안에서 자신이 규정되기를 시도한다. 그러나 자신의 의지를 다른 존재에 이양함으로써 — 이것은 스스로 자기 상실이라는 실제적 사실로 나타남 — 인간은 이미 자신의 고유한 판단도 이양하는 것이다. 그러나 이러한 일을 통해 인간은 당장 전적인 타자를 알게 된다. 그리고 '스스로를-양도한-자'인 인간에게 중요하게 여겨지는 것은 선하고 정당한 것일 수 있다. 그렇지 않다면 그는 자신의 신뢰를 상실했을 수도 있기 때문이다. 그러나 이와 더불어 그는 삶을 유지하고 긍정하기 위해 필요한 모든 것을 갖게 된다. 물론 이러한 일이 놀라운 방식으로 일어난다는 것은 인간에게 은폐되어 있다. 말하자면 이때 인간에게 일어난 사건에서 중요한 것은 사건의 내용이 아니라, 그 사건을 대하는 인간의 방식이다. 즉 인간은 자신의 고유한 판단 없이, 신뢰에 가득 찬 채, 그 사건 안에서 자신에 대한 호의와 정당성을 보려고 하는 것이다.

인간은 자기 자신으로부터 벗어날 수 없다. 그러나 이러한 인간에게 시인들은 '자기 자신으로부터 벗어날 수 있는' 능력을 부여하였다. 그런데 이것은 인간적인 능력이 아니다. 이런 의미에서 초월은 인간적으로 불가능한 것을 규정하기 위한 핵심적인 개념으로 받아들여져야 한다. 올라감, '위로 넘어감' — 이 모든 해석학적인 자부심이 목표로 하는 것은 인간을 높이는 일이지만, 이것을 인간 스스로 경험하는 것은 불가능하다. 정신적으로 포착할 수 있는 것을 언어적-사상적으로 무한히 끌어올리고, 높인다면, 그때 인간적인 정신이 도달하는 높이는, 인간이 자신의 유한한 능력들에 대하여 생각하고, 그것들을 시로 창작한 높이와 다르지 않다. 초월이라는 개념을 《현실적인》,《사실적인》,《존재적인》올라감이란 의미로 파악하는 것은 옳지 않다. 왜냐하면 모든 진술된 현실적, 현사실적인 존재는 '실제를 넘어서는 것'(plus reel)이라는 시문학적인 의미로 이해되어야 하기 때문이다. 인간이 자신에게 알려지지 않은 깊이에 도달했다고 하더라도, 그는 자신의 능력으로는 절대적인 높이에 이를 수 없다. 이 절대적인 높이는 고대부터 하늘의 비유로 묘사되었는데, 그 하늘은 자신의 푸른 색 안에 머물러 있는 하늘에 불과했다. 이와 달리 무한한 것에 대한 모든 생각은 유한한 의식과 연결되어 있으며, 그것은 명백히 인간적인 유한성의 한 부분에 불과한 것이다.[1]

우리는 모든 것을 전적으로 달라지게 하고, 인간마저 새로운 인간이 되게 하는 장소를 하늘이라고 상상해 왔다. 그런데 그 장소가 하늘이 아니라면, 인간의 정신으로 하여금 불가능한 것을 하나의 비전으로 형태화하도록 유혹하고 고무시키는 것은 바로 이 세계이다. 이 세계는 상상적인 '내적 세계'에 대한 비유이다. 이 비유에 의하면, 모든 것들은 세계 안에 존재한다는 것이다. 그러나 이 표현은 '그 밖'이 존재한다는 것도 암시한다. 그러나 '그 밖'이 존재한다면, 세계는 다양한 방식의

---

1 불교적인 깨달음을 《내재적인 초월》이라고 말한다면, 그것은 믿음적인(초월적인) 초월과 비교될 수 없다.

'현실적인' 존재자들 전체가 아니라, 단지 경멸스러운 것들을 위한 장소가 된다. 왜냐하면 이러한 것들은 진정으로 '현실적인 것'이 아니기 때문이다. 예를 들어 바울의 경우, 《이 세계》는 비-진리의 세계, 진정한 존재와 본질이 아닌 세계, 육체의 세계, 무상함의 세계, 거짓의 세계가 된다. 바울이 의도적으로 이런 입장을 시문학적 작품으로 표현한 것이라면, 그가 말하고자 하는 것은, 인간은 절대적인 오류 속에 빠져들었다는 것이다. 즉 인간으로 하여금 느끼게 하고, 욕망하게 하고, 사유하게 하고, 이해하게 하는 세계, 인간으로 하여금 자신의 존재와 자기 규정을 수행하게 하는 세계, 즉 인간에게 주어진 유일한 '이 세계'는 무에 불과하다는 것이다.

II

《우리에게 현실적으로 존재하는 모든 것, 저 너머로》— 플라톤의 표현 epekeine tes ousias는[2], 인간이 자신의 중심을 정신 안에서 찾기 위해, 어떻게(왜) 자신이 살아가는 세계를 떠났는지 아주 명료하게 보여 주는 철학적인 척도가 되었다. 이 척도에 따르면, 공동체 속에서 살아가는 인간에게 현실적인 것으로 보이는 모든 것은 이제 파생적인 것, 저급하고, 무와 같은 것으로 평가되고 있다. 이러한 정신의 활동과 더불어 또 다른 하나의 《세계》, 즉 아무런 투쟁(정신적인 투쟁을 포함해)도 더 이상 존재하지 않는, 그러한 《세계》가 창조된다. 반면에 인간적인 입법자들에게는 — 그들 역시 신적이라고 불리기도 한다 — 무엇이 옳

---

2   플라톤, 『국가』 VI 509b

은지, 무엇이 옳지 않은지에 대한 서로 간의 투쟁이 존재한다.[3] 그러나 논쟁의 여지없이 불변적인 정당성(옳음)이 하나의 신, 즉 알 수 없는 정의로운 신에게 주어졌다고 하더라도, 우선 우리는 여러 신들도 존재한다는 것을 생각해 보아야 한다. 플라톤은, 그리스 시문학 안에 정당성(정의)의 문제를 두고 신들이 인간처럼 서로 투쟁하는 장면이[4] 있다는 것을 알고 있었다. 초월에 대한 인간의 욕구는, 형식적인 측면에서 해석할 때, 절대적으로 투쟁이 없는 것, 절대적으로 불변적인 것에 대한 인간의 욕구이다.《현실적인 것의 내재성》이나《순수하게 세계 내적인 관점》이라는 교활한 말 안에는, 전적으로 익숙하지 않고 알려지지 않은 것을 경험하고 싶은 호기심이 아니라, 단지 절대적인 신뢰성에 대한 열망이 표현되고 있을 뿐이다. 생동적인 인간적인 느낌과 욕망, 사유와 이해가 동요함이나 변화됨, 전환됨에 놓여 있다는 사실을 알게 된다면, 플라톤의 소크라테스가 보여 주고 있듯이, 모든 삶의 생동성이나 죽음에 직면해서 무슨 일이 벌어지는지 알기 원하는 것이 인간의 최고 관심사라는 것이 분명해진다. 왜 더 이상 아무것도 움직이지 않으며, 성장하지 않고, 사라지지 않으며, 어떤 것에도 승리하지 못하고, 어떤 것에도 한탄하지 않는 일이 벌어지는지 알고 싶은 것이다. 그리고 인간은 단지 정당한 것만이 정당하며, 그 외엔 아무것도 아니라는 견해가 옳다고 결론을 내린다. 이때 절대적으로 무역사적인 것, 절대적으로 단순한 것, 절대적으로 혼합되지 않은 것이라는 개념이 고안된다. 그런데 이러한 개념들 안에는 살아 있는 것에서 발견되는 것과 같은 모순들이 들어설 틈이 없다. 그리스 철학이 숙명적으로 '항존적인 것'에 우월권

---

3   플라톤, 『법률』 X 889e
4   플라톤, 『에우튀프론』 7d-8e

을 부여한 것은 삶에 대한 거역을 뜻하며, 이런 점은 현대철학이 이성을 선택한 것에서 다시 나타나고 있다. 따라서 이성의 절대적인 우월권을 옹호하는 현대철학 역시 숙명적으로 삶에 적대적인 것임이 드러난다.

플라톤의 이데아 철학은 형식적인 측면에서 볼 때, 일신론적 신학과 완전히 똑같다. 단지 일자만이 선하고,[5] 일자만이 옳다.[6] 초월이라는 불가능한 시도는 절대적인 신뢰성을 얻기 원하는 인간의 욕망에서 생긴 것인데, 이때 통일성에 대한 사상도 우월권을 갖게 된다. 어떠한 시간과 상황 속에서도 변하지 않는 것을 보증해 주는 것은 단지 불변적인 동일성이다. 이로써 시간적인 것과 상황적인 것은 사상적으로 지양된다. 절대적인 통일성과 영원성은 사상적으로 서로를 필요로 한다. 그리스도교적인 초월이 말하고 있듯이, 영원한 삶의 특징은 삶의 길이에 있는 것이 아니다. 어떻게 영원성이 길이를 가질 수 있겠는가? 어떻게 이러한 주장을 면죄부 판매를 통해 호도할 수 있는가? 그렇지 않다. 오히려 영원한 삶의 특징은 절대적으로 투쟁이 없는 상태를 뜻한다. 영원한 삶은 영원히 하나이고 동일한 삶이며, 변화하는 삶의 흔적을 지니지 않는다. 그러나 우리의 삶의 입장에서 측정하면, 전적으로 다른 삶, 진정으로 현실적인 삶은 단지 '생명이 없는 삶'을 뜻할 뿐이다. 그럼에도 영원한 삶이라는 주장이 줄 수 있는 정당하고 위로적인 조언은, 본의 아니게도, 다음과 같다: 단지 죽은 존재만이 긍정된다는 것이다. 왜냐하면 그것은 아무런 투쟁과 무상함도 갖지 않는 삶이기 때문이다.

---

5   마태복음 19장 6절; 플라톤, 『국가』 II 379a~c
6   신명기 32장 4절; 시편 145장 17절; 요한1서 1장 9절; 2장 1절; 플라톤, 『법률』 X 907b(왜냐하면 여기서 신들이 존재하는지 묻고 있기 때문이다).

III

플라톤에 의해 창작된 입법관[7]의 판결에 의하면, 신들이 존재하지 않는 다고 주장하는 각양각색의 멍청이들은 교화원에 감금되고, 그들 중 가장 멍청한 자들은 강제 수용소에 감금되어야 한다. 적당한 시간까지 신이 존재한다는 것을 알지 못하면, 그들에게는 죽음이라는 형벌이 주어진다. 블랙홀을 알기 전, 《우주》 여행을 하기 전에도, 인간은 대지 위, 하늘 아래서 살아왔다. 이러한 인간의 처지로 인해, 인간의 믿음이 태양, 달, 별들에 대한 믿음에서 시작되었다는 사실은 이해할 만한 일이다. 물론 소피스트들에 의해 이러한 천체들이 돌에 불과하다는 사실이 알려지면서부터, 천체들을 신으로 여기는 일은 끝나게 된다. 그러나 인간이 쉽게 도달할 수 없는 높이에서 운행하고 있는 천체들에게 — 실제로는 단지 사물에 불과하지만 — 초월이라는 특징을 부여할 방법을 플라톤은 알고 있었다. 그는 천체들로부터 물체성과 물질성을 제거하였다. 그리고 진정한 철학 마니아(플라톤)는 천체들에게 비가시적이고 정신적인 본질, 즉 천체들의 운행을 지배하고 그것들에게 생명을 제공하는 정신적인 본질을 부여했다. 그 본질을 그는 영혼이라고 불렀다. 플라톤이 그의 철학적 시를 통해 고안해 낸 철학적 입법관들 역시 영혼이 육체보다 더 오래됐고, 육체 이전에 존재했으며, 따라서 육체 없이도 존재할 수 있다는 것을 알고 있었다. 더 나아가 플라톤은 신들의 육체는 영혼과 영원히 연결되어 있다고 생각했다.[8] 따라서 플라톤은 영혼 안에서 이미 신적인 존재, 즉 신들과 신을 볼 수 있다고 주장하였던 것

---

7 플라톤, 『법률』 X
8 플라톤, 『파이드로스』, 246d

이다:

> 영혼이나 영혼들이 이 모든 것의 원인으로, 특히 그 품성에 있어 선한 것으
> 로 밝혀졌기 때문에, 우리는 그것들을 신들이라고 승인했다. 그렇다면 이제
> 살아 있는 본질로서 영혼들은 육체들 안에 내재하는가? 그렇지 않으면 어떻
> 게 혹은 무엇을 통해 전체 하늘을 지배하는가?

플라톤은 아테네의 입법관으로 하여금 다음과 같이 계속 질문하도록
한다:

> 모든 것이 신들로 채워져 있다는 것을 감히 부정하려는 사람이 존재하는
> 가?[9]

이러한 질문에는, 시편 14장에서 특징적으로 발견되듯이, 바보들이 등
장한다. 왜냐하면 이렇게 호소적인 수사학적 질문에 대하여 바보만이
다음과 같이 대답할 수 있기 때문이다:

> 그렇게 바보 같은 자(paraphronon)는 존재하지 않는다.

플라톤의 입법관들에 의하면, 신에 대한 생각(예를 들어 영혼이 깃든
하늘을 신들로 보는 것)을 거부하는 자는 이미 무신론자가 아니다. 왜

---

9 플라톤, 『법률』 X 899b. 히에로니무스 뮐러의 번역;《모든 것은 신들로 채워져 있
다》. 참조. 탈레스, 『소크라테스 이전의 단편들』 1권, 그리스어/독일어(편집과 번역: 헤
르만 딜스/ 발터 크란츠) 베를린 1951, 79쪽 17줄(아리스토텔레스, 『영혼에 대하여』 A
5, 411a8)

냐하면 입법관들의 입장에서 볼 때, 무신론자와 같은 바보는 존재하지 않기 때문이다. Paraphronein(불합리한, 무의미한, 바보 같은), 이 단어는 사유에 반하는 사유를 드러낸다. 그러나 그러한 사유는 망상에 불과하다.

원래 인간의 세계를 구성하고 완성시키는 하늘은, 물질을 지배하고 움직이게 하며 생명을 부여하는 영혼과 더불어 숨 쉬는 하늘이 된다. 이제 모든 것을 야기시키는 것(모든 것의 원인자) ─ 이것은 인간에 의해 야기된 것이 아님 ─ 은 더 이상 자연과 우연만 아니라, 신들과 신이기도 하다. 그런데 인간의 인식 능력을 절대적으로 능가하는 초월자, 단지 시문학적 능력을 통해서 접근 가능한 초월자가 존재한다는 사실, 인간에게는 시문학적 능력이 존재한다는 사실은 단지 바보, 즉 미치광이에 의해서만 거절될 수 있다. 그런데 인간을 배려하고 간섭하는 신적인 존재에 대하여 증명(apodeixis)[10]하려고 할 때, 플라톤과 같은 철학자가 확신하고 있었던 것이 무엇인지는 아직 명백하지 않다.

IV

인간적인 예술(기술; techne)이 신들에 의해 주어졌다는 주장은, 플라톤과 같은 철학자들에 의해 거부되고 있다. 시작품(poetike techne)[11]과 예술작품들을 철학자들은 자연과 우연이 제시하는 위대함이나 아름다움보다 중요치 않은 것(smikroera)으로 여긴다. 왜냐하면 예술작품

---

10   플라톤, 『법률 X』 893b. 886d: tekmêria
11   플라톤, 『소피스트』 265 ab; 아리스토텔레스, 『형이상학』 Theta 2, 1046b3

들은 본질을 다루지 않기[12] 때문이다. 최고의 감수성을 지닌 감각적, 정신적 인간인 시인에 대하여 플라톤이 비판하는 이유는, 시인들에게 실책이 있기 때문이 아니라, 단지 플라톤 철학의 근본 입장에 근거하고 있는 것이다. 플라톤에 의하면, 시인들은 철학자들이 할 수 있는 것, 정신적(철학적)인 인간에게 절대적인 것, 즉 인간을 능가하고 인간의 척도가 되는 것(신)과 인간의 관계를[13] 의미 있게 다룰 수 없다.

정신적인 초월을 필요로 하는 인간은, 궁극적으로 모든 초월을 구현시키는 신들이나 신 없이 살 수 없고 실존할 수 없다. 신들은 예외 없이 시문학적인 형상들이고 작품들이다. 그런데 플라톤은 시인들이 이러한 작품을 수행할 능력이 없다고 간주하고 있다. 따라서 철학자가 신들에 대한 창작 작업을 넘겨받아야 한다. 물론 그는 자신이 짓는 시의 특징을 스스로 밝혀야 할 필요가 있다. 왜냐하면 그는 시인들을 소피스트들이라고 확증하고 있으며, 따라서 자신을 이러한 시인들과 동등하게 놓는 것은 불가능한 일이기 때문이다. 시인들의 문제점은 단지 확고한 품성을 지니지 못하고, 진지함을 결핍하고 있다는 데 그치지 않는다(사람들은 어떤 신이 현행법으로 붙잡히는 장면을 묘사하는 시작품들을 생각할 수 있다).[14] 시인들을 철학자들로부터 절대적으로 갈라놓는 간격은, 무엇보다도 그들이 진리에 대하여 아무것도 모른다는 점에 있다.

시인과 다른 방식으로, 신의 진리에 대하여 창작하고 있는 작가로서 철학자는 최고의 존재(megista)[15]에 대한 진리를 얻기 위해 노력하는

---

12 플라톤, 『법률』 X 889a
13 플라톤, 『법률』 IV 716c:《그러나 우리에게 신은 모든 사물들에 대한 최고의 척도이다》—신에 따라 우리는 적절한 것과 과도한 것을 측정한다.
14 『오디세이아』 8, 306-327
15 플라톤, 『고르기아스』 451d7; 『정치가』 285e4; 『법률』 X 888b; 『7번째 서한』 341b1

자이다. 인간에게 필요한 진리를 옹호하는 것이 그의 유일무이한 일이기 때문이다.[16] 물론 신을 모든 사물들의 척도라고 규정하는 일은 철학적인 자기주장이 월권일 수 있다는 점을 피할 수 없다. 플라톤의『국가』2권과 3권을 조심스럽게 읽으면,『국가』라는 작품은 철학자와 시인 사이의 필연적인 차이를 논증하기 위한 도입문에 해당되는 것을 알 수 있다. 반면에 플라톤의 시인 비판은『소피스트』와『파이드로스』라는 대화편에서 비로소 완성된다. 스스로 불가지론자라고 고백하고 있는 철학적 소피스트인 프로타고라스와 달리, 시적 소피스트인 호메로스는 신들이 존재한다는 것을 인정하고 있다. 바로 이런 이유 때문에, 시적 소피스트들은 철학적 주제와 연관해, 더 위험한 인물들이 된다. 따라서 하늘 너머의 세계를 올바로 기술하기 위해 플라톤이 '세계 초월'을 시도할 때, 무엇보다도 그는 자신과 시인들의 부득이한 거리(차이)에 대하여 소개하고 있다:

> 그러나 이 세계에 속하는 시인은 하늘 너머의 장소에 대하여 적절하게 찬미할 수 없으며, 앞으로 그 누구도 할 수 없을 것이다.[17]

그런데 플라톤의 철학적 후예들은, 시인들이 그런 일을 할 수 없었고, 또한 할 수 없을 것이라는 점을 알고 있다. 왜냐하면 시인들에게는 그럴 능력이 없으며, 더 나아가 시인들은 최고의 존재들에 대하여 진리 대신 거짓말들을 만들어 내면서, 자신들의 무능함을 속이고 있기 때문

---

16   플라톤,『파이드로스』247c

17   플라톤,『파이드로스』247e3 이하. 플라톤이『파이드로스』에서 언급하고 있는 말을 우리는 이미『향연』(177ba~c)에서 확인할 수 있다. 즉 오늘날까지 그 누구도 에로스 신에 대하여 적절하게 찬미하지 못했다는 것이다.

이다. 철학적으로 고안된 것만이, 만약 그것이 실제로 진리를 고안한 것이라면, 참된 창작물(시)이다. 이러한 것을 플라톤은 '모험'[18]이라고 불렀다. 이 점에 대하여 그는 특히 후기 대화편에서 말하고 있다. 만약 철학적인 대화 기술이 겉만 반짝이는 모순들과, 검증되지 않은 권위에 의해 수행됨으로써 한계에 부딪친다면, 그리고 이러한 한계를 극복해야만 한다면, 철학적인 대화 기술은 자신이 설정한 진리의 지시를 따라야만 한다는 것이다.[19]

플라톤에게 있어, 보다 위험한 상대자는 신을 부정하는 자들이 아니라, 신에 대하여 거짓말을 하는 자들이다.[20] 전자는 비정신적인 유물론자들이다. 철학자는 이들을 거부해야 하지만, 더 이상 진지하게 다룰 필요는 없다. 플라톤은 거인들의 투쟁에 대한 반어법적인 비유를 들고 있는데, 그 이야기 안에는 관념론자들과 유물론자들이 함께 등장하고 있다: 한편의 사람들은 높은 곳을 낮은 곳으로 끌어내리고, 육체를 진정한 존재와 동일한 것으로 규정하는 식으로 말하는 반면, 다른 편 사람들은 비가시적인 높은 곳으로부터 자신들을 변호하고, 비육체적인 이데아(asomata eide)를 진정한 존재와 동일한 것으로 규정한다.[21] 이와 달리 시인들은 신들에 대하여 거짓말을 하는 식으로 철학자의 영역을 침해한다: 그들은 이데아와 신적인 것들의 왕국을 오염시킨다. 진정으로 순수하게 선한 것과 아름다운 것, 정의로운 것, 학문 자체와 사

---

18   플라톤, 『파이드로스』 247c4

19   플라톤, 『테이테토스』 196d2 ; 197a4 ; 『소피스트』 237a3. b8 ; 258e2 ; 『정치가』 306b6 ; 『법률』 X 888a

20   그 차이는 독일어보다 영어에서 — 비록 두 언어는 동일한 근거로부터 나왔지만 — 더 분명히 드러난다: to lie, to deny

21   플라톤, 『소피스트』 246ab

려 깊음 자체만[22] 존재하는 곳으로 시인들은 자신들이 인간화시킨 신들을 끌어들이고, 강조하는 잘못을 범하며, 결국엔 인간에 대한 철학적인 탐구를 끝내도록 유혹한다.

플라톤은 자신의 사유가 시적 창작물이라는 점을 알고 있다. 정신적인 인간이 갖는 최고의 가능성과 필연성에 대하여 말할 때, 그는 그것을 명백히 시문학적으로 다루고 있다. 정신적 진리를 위한 그의 기준은, 어떠한 사유가 고귀하고(axios)[23], 윤리적으로 선한 것(kalos)을[24] 다루는가에 놓여 있다. 최고의 것, 가장 중요한 것에 대하여 다루는 '사유적-시적' 창작물 의 경우, 철학적 시인이 창작하려는 것은 그가 '시로 지으려고 하는 존재'를 있는 그대로 드러내는 일이다. 따라서 그는 자신의 '사유적-시적' 창작물을 위해, 여타 시인들과 같이, 뮤즈 신을 부를 필요가 없다. 오히려 철학적 시인의 작품은, 신들이 스스로 자신들의 존재를 증명하는 방식으로 진행되어야 한다.[25] 그러나 그러한 작품 안에는 진리의-시문학에 대한 철학자(플라톤)의 고백이 빠질 수 없는 것이다.

플라톤은 자신의 이야기들과, '사유적-시적' 창작물(dihegesis)이 모두 신적인 존재와, 영혼, 영혼들의 진리에 관한 이야기라는 것을 알고 있었다. 이 이야기를 묘사하기 위해 그는, 가능한 한 다양한 인간들의 모습을 보여 줄 수 있는 방식을 선택하고 있다. 그것은 상징과 비유이다.[26] 상징과 비유 안에서 그는 신적인 것만을 따르고 있다. 선한 것

22   플라톤, 『파이드로스』 247c6-e4

23   플라톤, 『파이드로스』 247c4; 향연 177c3

24   플라톤, 『파이드로스』 257a3; 258d7; 259d7; e4; 『파이돈』 114d6(107c4); 92d7; 『법률 X』 898b3

25   플라톤, 『법률』 X893b

26   플라톤, 『파이돈』 90d-114d; 『파이드로스』 246a-257b

과 나쁜 것을 구별하는 것이 필요할 때, 플라톤은 항상 선한 것, 이성적
인 것, 덕스러운 것, 아름다운 것, 가치 있는 것을 따르는 것이 중요하다
고 생각한다. 이와 같은 방식으로 그는 자신의 '사유적–시적' 창작 안에
서 예술가적인 자유를 획득한다. 그는 자신이 묘사하는 것과 자신의 작
품이 정확히 일치한다고 더 이상 주장할 필요를 느끼지 않는다. 그러나
그는 자신이 묘사한 작품 속 단어들을 축자적으로 받아들이는 것 역시
어리석은 일이라고 강조한다. 동시에 그는 상징과 비유 안에서, 진리로
부터 벗어남 없이 사태 자체와 만나야 한다고 주장한다. 이러한 방식을
플라톤은 '모험'(kindynos)이라고 불렀다. 그런데 이 모험은, 플라톤
에 의하면, 결국엔 아름다운 모험, 성공한 모험을 뜻한다: '아름답게
말해진 것'은 '사태에 맞게 말해진 것'이다.[27] 풍부한 단어와 비유를 가
지고 영혼의 본질에 대하여 묘사하고 있는 이야기는, 어떻게 형이상학
이 성공할 수 있는지를 보여 주는 본보기이다: 철학자는 비가시적인
것, 즉 본질적이고 진리에 합당한 것에 대하여 사유한다. 이때 '비가시
적인 것'은 철학자가 자신의 순수한 이성과 빈틈없는 품성을 통해 드러
낸 신, 혹은 신 자체를 의미한다. 이러한 방식으로 철학자는 신의 자기
묘사를 드러내며, 이를 통해 신의 존재에 대한 증명도 완성되는 것이다.

V

신을 부정하는 자는 어리석고, 제 정신이 아닌 자이다 — 이렇게 시편
에 쓰여 있다. 플라톤의 철학자와 입법관도 이런 의견에 전적으로 동의

---

27   플라톤, 『파이돈』 91a; 107c4; 114d6

한다. 플라톤의 경우 신을 부정하는 자는 다음과 같은 논리를 주장한다:《만약 신들이 존재한다면, 신들은 인간에 대하여 걱정하지 않을 것이다. 만약 신들이 인간에 대하여 걱정한다면, 신들은 인간에 의해 매수되었을 것이다》. 이러한 논리 형식은 신과 신들의 존재에 대하여 의심하기를 좋아하는 자의 어리석음을 드러낸다. 비록 무신론자가 신들은 허구가 아니며, 존재하고 있다는 것을 확증할 만한 아무 근거도 없다는 자신의 고백을 근거 짓기 위해 자신의 지각과 분별력을 사용하고 있다고 하더라도, 시편 기자와 신학적 철학자가 무신론자(atheos)에 대하여 특히 분별 없는 자, 지각없는 자라고 말하는 것은 주목할 만하다.

일단 우리는 무신론자를 어리석은 자라고 비난하는 것에 대하여 적어도 지금은 보류하기로 한다. 플라톤의 경우, 무신론자가 입법관에 의해 소송에 걸리더라도, 그것은 신학적, 철학적인 것이지, 직접적으로 정치적인 것은 아니다. 반면에 루터의 구약 번역본 안에 무신론자에 대한 말이 있는데, 그때 그 단어에 대한 강조점은 a-theos, 즉 '신이 없는 자'가 아니라, a-sebes, 즉 '경외하지 않는 자', '신을 두려워하지 않는 자'에 놓여 있다. 이러한 자는 정신적인 것이 아니라, 정치적인 측면에서 해석되고 있다. 왜냐하면 그는 일반적으로 보존되는 사회적 규범들 밖에 있기 때문이다. 이러한 범주에 있는 무신론자는 어리석은 것이 아니라, 악하고 추악하며, 따라서 이미 처벌되어야 할 자다. 로마서에서 바울은《모든 무신론과 인간의 불의》[28] 위에 내려지는 신의 진노에 대하여 묘사하고 있는데, 이때 비이성적이고 악의적인 특징을 지닌, 위로 받을 수 없는 무리들의 명부 안에는 '신을 미워하는 자'(theostygeis)도 들어 있다. 무신론의 이중적인 본질을 고려할 때, 우리는 (무신론자로

---

28 로마서 1장 18절 이하

여겨지는) 철학자가 왜(혹은 얼마나) 어리석음이라는 비난을 받아야 하고, 받게 될 것인지 질문할 수 있다. 철학자는, 단지 그가《사유한다》는 사실 때문에, 중립적인 무신론자로부터 '신을 거역하는 자'로 되는 것은 아니다. 다른 한편 신을 믿는 자에게 주어지는 질문은, 신과 연관된 문제 안에서, 도대체 그가 실제적으로 중립성을 지킬 수 있는 것인지, 혹은 그에게 있어 신의 존재에 대한《부정》은 이미 용서할 수 없는 '신에 대한 경외'의 거부를 뜻하는 것이 아닌지 하는 점이다.

　신의 존재를 의심하고, 그리스도교적인 삼위일체에 대한 믿음을 의심하는 무신론자는 믿음을 갖는 그리스도인과는 다른 세계에서 산다. 동일한 세계 안에서 그리스도인과 무신론자가 만나, 신이 존재하는지 여부에 대하여 서로 말하고 논의하도록 하는 시도는 원칙적으로 실패할 수밖에 없다. 왜냐하면 정신적으로 자신을 드러내는 그들의 방식이 보여 주듯이, 그들은 동일한 세계 안에서 대화할 수 없기 때문이다. 왜냐하면 은폐된 자, 그 행동에 있어 포착될 수 없는 자, 그의 위엄에 있어 더 이상 말로 표현될 수 없는 자, 즉 신이 이 세계의 삶 속에서도 존재한다는 것을 믿음으로부터 증명하려고 할 때, 오성과 이성은 그것을 인정할 수 없기 때문이다. 예를 들어, 자신의 신에 대하여《변호하려는》자의 경우, 생각이 다른 군중들에게 그가 자신의 확신을 전달할 가능성은 없다.[29] 그럼에도 그가 변호하려고 한다면, 그는 이런 일이 필요

29　마르틴 발저는 그의 저서 『의로움에 대하여』에서, 《무신론자들》을 TV에 출연하여 태연하게, 끊임없이 낄낄거리는 자, 자기 자신에 만족하는 자로 묘사하고 있다. 그들은 잘 차려입고, 《보다 빠르고, 이목을 집중시키는 데 지치지 않고》 말을 하면서, 자신을 저명한 토론자로 드러낸다. (마르틴 발저, 『의로움에 대하여』, 32-34) 그들이 자신들의《변호적 단어들》을 통해 신에 대한 믿음을 묘사하는 것은 쉬운 것이다. 왜냐하면 적당주의에 빠져 있는 관객들은 그들의 편이기 때문이다. 이에 대하여 마르틴 발저는, 그들은 신의 결핍에 대하여 아무런 생각이 없다고 비난한다. 그렇다고 그는 종교

치 않다는 것을 알지 못하고 있는 것이다. 왜냐하면 그가 이미 신과의 성공적인 관계에 도달했다고 하더라도, 그러한 관계는 단지 그 관계를 수행하는 그의 고유한 방식 안에서만 가능하다는 것을, 그는 알지 못하고 있기 때문이다.

　무신론자와 유신론자 사이의 논쟁에서는 믿는 자뿐 아니라, 믿지 않는 자도 무엇이 중요한지 인지하지 못하는 경우가 다반사다. 물론 무신론자는 시편 기자나 신학적 철학자가 주장하는 것보다 더 어리석다. 그런데 신과 신을 믿는 자 사이의 관계가 하나의 내적인 관계이며, 이때 인간이 신을 창조한 것이 아니라, 신이 인간을 창조했다는 것이 믿음을 통해 사실로 드러난다면, 믿음의 대상인 신이 존재한다는 것을 증명하는 자는 인간(믿는 자)이 아니다. 오히려 신의 존재를 증명하는 자는 신 자신이어야 한다. 이런 맥락에서 볼 때, 무신론자가 어리석은 이유는, 그가 단지 신의 문제인 것을 인간(믿는 자)에게 요구하기 때문이다. 그가 어리석은 또 다른 이유는, 그가 믿음의 세계의 내적 관계로부터 배제되어 있으며, 그러한 사실에 대하여 어떠한 예감도 갖지 못하고 있기 때문이다. 그런데 이러한 어리석음은 무신론자뿐만 아니라, 유신론자에게도 똑같이 적용된다. 이것은 계몽주의가 해명해 준 놀라운 결론이기도 하다. 왜냐하면 유신론자는 자신의 믿음 때문에, 신의 존재 여부는 믿는 자의 문제가 아니라, 신의 문제라는 것을 모르고 있기 때

의 불필요성을 주장하는 사람들에게 벌을 내려야 한다고 생각하는 것은 아니다. 그런데 그가 스스로 의롭다고 느끼는 자들(무신론자들)에 대하여 노골적으로 시기심을 드러내고 있는 것은 놀라운 일이다.(마르틴 발저, 『의로움에 대하여』, 13-16). 그런데 이런 점에 대하여, 마르틴 발저가 보증인으로 선택한 칼 바르트는 전혀 다르게 생각한다. 바르트의 경우, 신의 은총에 의해 의롭다고 판결되었다는 것을 아는 것은 그리스도를 믿는 자들에게는 절대적인 것이다. 그러나 마르틴 발저는, 신의 현전에 대한 믿음뿐 아니라, 신의 결핍에 대한 믿음도 시문학적으로 다룰 수 있다는 사실을 보지 못하고 있다.

문이다. 다시 말하면 그는 자신의 믿음 안에서 자족하고 있는 것이다.

VI

그리스도인이 자신의 희망 위에서 믿음을, 자신의 믿음 위에서 희망을 건립하고, 믿음과 희망 안에서 신과의 교제를 발견한다면, 이때 믿음과 희망은 그 자체만으로 충분한 것이다. 일생 동안 그리스도인은 이 두 가지 정신적인 태도와 실천 방식이 그를 그리스도인이게 해 주는 특징이라는 것을 안다. 그런데 믿음과 희망은 근본적으로 시문학적인 활동이기도 하다. 따라서 믿음과 희망을 신학적이 아니라 철학적으로 살펴본다면, 왜 '인간-신-관계'가 그 자체 안에서만 가능한 자족적인 관계 전체인지를 명확히 볼 수 있을 것이다. 이 경우, 신의 존재에 대한 확신의 부족이나, 신의 존재에 대한 확신에의 노력은 모두 부차적인 것에 불과하다. 더 나아가 자신이 믿는 신의 존재를 증명하려는 모든 시도 역시, 가장 엄밀한 의미에서 무신론적이다. 캔터베리의 안셀름에 의하면, 믿음이 아니라 지성을 통해 신과의 관계를 설정하려는 것은 근본적으로 오류로 이끄는 표상에 불과하다. 신을 믿는 자는 신의 존재를 증명하려고 하지 않는다. 왜냐하면 그것은 그에겐 아무런 의미도 없기 때문이다. 그러나 그가 신과의 관계 안에 자족하고 있더라도, 그는 자신의 믿음을 타자와 공동으로 자축하거나, 혹은 타자로 인해 고통받을 수 있다. 그러나 이 경우, 그가 '무신론자'라는 단어를 가지고 타자를 고발하고 비방하려고 한다면, 그것은 근거 없는 일이다.

　인간의 믿음을 통해 신은 자신이 '믿어지는 존재'라는 점을 증명한다. 믿는 자에게 가장 중요한 보물은 바로 그의 믿음이다. 무신론자가 믿는 자에게 어떠한 것을 요구하는 일이 있더라도, 그러한 요구를 믿는 자에게 관철시키는 일은 불가능하다. 종교적인 믿음에 대하여 해명할 수 없는 논쟁적이고 계몽주의적인 무신론자가, 믿는 자는 자신의 믿음을 정당화하기 위해서는 감각적 실재의 세계, 상식적인 삶의 세계를 믿음의 세계로 만들 수 있어야만 한다고 요구한다면, 이러한 요구는 ─ 보다 합당한 의미에 있어서 ─ 무신론자의 어리석음에서 생겨난 것이다. 믿음의 세계는, 자연의 법칙, 일상사의 법칙들과 구분되는 정신적인 세계이기 때문이다.

신에 대한 철학적 사유에서 플라톤은, '사유된 신'이 존재하는지 여부는 사유하는 인간에 의해 증명되는 것이 아니라고 보고 있다. 오히려 그러한 증명은 사유된 신에게 넘겨주어야 한다는 것이다:

> 철학은 모든 열정을 가지고, 그들(신들)이 존재한다는 것을 증명하도록, 신들을 불러들인다.[30]

영혼이 육체와 영혼의 관계를 지배한다면, 신들은 인간과 신들의 관계를 지배한다. 플라톤이 묘사하는 철학자적 입법관들은 신들이 존재 능력이 있다고 생각한다. 신들은 인간의 곁에서 어떠한 것을 실행할 능력이 있는 자이다. 그러나 인간들은 신들에게 어떠한 작용도 끼칠수 없다. 인간들은 자신들에게 호의와 선물을 베풀도록 신들을 조율할 능력이 없다. 그러나 시문학적이고 사유적으로 묘사되고 있는 신들과 인간들 사이의 자족적인 관계 안에서, 신들이 더 능력이 있는 존재로 여겨진다면, 신들이 선물을 주는 자라는 것을 증명하고 드러내는 것은 단지

---

30   플라톤, 『법률』 X 893b2

신들 자신 안에 놓여 있는 것이다. 이때 철학자는, 신들을 사유한 것은 철학자 자신이라는 것, 더 나아가 신들은 그에 의해 사유되고 시적으로 창작된 존재에 불과하다고 주장해서는 안 된다. 오히려 그는 그의 시작품이 유효하고 현실적이도록 내버려 두어야 하며, 그 시작품이 단순한 허구라고 설명해서는 안 된다. 오히려 신들의 존재는 필연적으로 존재 능력을 가진 신들에 의해 입증될 수 있는 것이다.

'믿음의 시문학'은 그 자체가 시문학이라는 사실을 은폐하기 위해, 필연적으로 인간이 아니라, 신으로부터 작품을 묘사하고 있다(인간이 신을 형상화하는 것이 아니라, 신이 인간을 창조한다). 마찬가지로 '사유의 시문학'도, 사유의 확실성을 보증하기 위해 인간이 아니라, 신으로부터 사유한다. 인간이 아니라, 신이 모든 사물들의 척도이다.[31] 신이 할 수 있는 것에 비하면, 사유하는 인간은 단지 《거의》, 《겨우》 할 수 있을 뿐이며, 《항상 할 수 있는 것도 아니다》.[32] 신이 인간과 유사하게 보이는 것은, 철학자가 자신의 존재 안에서 절대적인 존재, 최고의 존재인 신을 완전히 사유했기 때문이 아니다. 오히려 철학자는 신에게 더 가까이 가기 위해 사유하는, 정신적인 인간인 것이다.[33]

신에 가장 가까운 자로서 철학자가 신에 대하여 사유할 때, 순수한 이데아를 바라보고, 이데아에 참여하는 것보다 더 명료한 해명 방식은 없다. 시문학적, 철학적으로 강조한다면, 정신적인 힘을 위해 절대적인 것은 단 하나의 빛, 즉 진리이다.[34] 일반적으로 철학자는 '선함'과 '경

---

31 위 161쪽 각주 13을 보시오.

32 플라톤, 『파이드로스』 248 이하; 아리스토텔레스, 『형이상학』 람다 7, 1072b15-25.

33 플라톤, 『테아이테토스』 176b1 이하

34 플라톤, 『파이드로스』 247c

건함'을 자극하기 위해 '아름다움'을 필요로 한다. 따라서 아름다움의 형태 안에서 진리는 가장 두드러지는 것이다.[35] 철학이 사유하는 신적 존재는, 바로 사유 안에서 그 자체로 존재한다: 진리는 순수하게 사유와 사유 사이에서 드러난다. 즉 진리는 사유된 신과, 사유하는 인간의 자족적인 관계 사이에서 진리로 드러나는데, 이때 사유하는 철학자는 사유의 힘과 능력을 '사유되는 존재'(신)에게 넘겨준다. 이러한 철학을 우리는 형이상학이라고 부르는데, 형이상학은 '은폐된 사유의 시문학'을 뜻한다. 이제 '사유를 위한 사유'라는 형이상학은 '예술을 위한 예술'(l'art pour l'art)이라는 형식의 축제로 드러난다. 철학자의 경우, 신을 이성으로 규정하고, 이성을 '절대적인 것'으로 규정하는 것보다 더 좋은 해명은 없다. 왜냐하면 철학자는 이러한 자기규정 안에서 자신이 순수한 이성과 똑같아지는 것을 경험하기 때문이다. 물론 오성과 이성이 — 일상적, 과학적인 태도에서 불가결한 — 감각적 실재성을 향하는 한, '초-하늘적'인 장소는 '유-토피아적'인 장소, 즉 존재하지 않는 장소가 된다. 그러나 단호하고 열광적인 사유 안에서 시적 사유를 구성하는 힘이 인식된다면, 그때 '초-하늘적'인 장소는 완성된 장소, 즉 철학적-시문학적으로 완성된 장소가 된다. 따라서 "철학자의 신은 존재하지 않는다"고 무신론자가 부당하게 말한다면, 그는 '무-정신적인 세계'로부터 말하는 것이고, 그의 말은 가장 어리석은 말에 불과한 것이다. 종교적인 믿음이나 신학적인 사유의 입장에서 볼 때, 무신론자는 시문학적인 힘에 근거한 자족적인 정신적 상태를 이해할 능력이 전혀 없다는 것을 보여 주고 있을 뿐이다.

---

35 플라톤, 『파이드로스』 250de

11장

믿음의 신비(Mysterium fidei)
– 삶의 비밀

I

신이 믿는 자에게 약속한 의로움과, 믿는 자 스스로 기대하고 있는 의로움 안에서 살기 위해, 그는 하늘을 변화시켜 새로운 하늘과 관계 맺으며, 이와 더불어 새로운 대지와 관계 맺을 준비를 한다. 이때 그는 새로운 인간으로서 새로운 삶, 즉 새로운 마음과 정신의 삶을 살아가기 시작하는 것이다.[1] 바울과 칼 바르트가 요구하듯이, 그리스도인에게 믿음은 절대적이고 필연적인 것이다. 그리스도인에게 믿음은 변화된 하늘을 준비할 뿐 아니라, 그에게 꼭 필요한 처음이자 마지막이다.

삶의 세계에 대한 개선이 필요하다고 주장하는 자, 이러한 개선을 통해 모든 것이 전적으로 변화되기를, 즉 모든 것이 전적으로 새로워지고, 전적으로 선해지기를 — 이것은 그의 혁명적인 사고의 출처이다 —

---

1   이사야서 65,장 7절; 에스겔서 18장 31절; 로마서 6장 4절; 에베소서 2장 15절; 4장 24절; 베드로 후서 3장 13절 참조

주장하는 자는, 《옛 것》에 어떠한 '선한 것'도 부여하지 않는다. 삶의 관계들 안에 있는 다양한 가능성들을 현실화시킬 수 있다고 신뢰하면서, 그는 대지 위 하늘 아래 거주하는 삶을 본연적인 삶으로 긍정한다. 신뢰와 긍정이라는 판결은 절대적으로 모든 것에 적용된다. 이것이 주는 교훈은, ─형식적, 내용적인 측면에 있어서 ─단지 인간이 '얻고자 하는 목적'과, 그 목적을 이루기 위한 수단들만이 인간적인 의미에서 《이상적》일 수 있다는 점이다. 이러한 통찰력이 옛 이야기 안에서, '애정은 애정을, 반면에 악은 악을 낳는다'[2]라고 표현되고 있다.

  전적으로 다른 순간에, 전적으로 다른 곳에, 전적으로 다른 장막을 세우기 위해 스스로 이 대지로부터, 이 세계로부터, 이 삶으로부터 눈을 돌리려는 열망 ─이러한 열망 안에 변화 가능성이 숨겨져 있다면, 그것은 어떠한 것인가? 인간이 '열망하는 것'을 그의 삶 안에서 완전히 성취하는 것은 어떤 경우에도 불가능하지만, 그럼에도 혁명적인 삶을 체험하려면, 그의 삶은 전적으로 다른 삶이 되어야 한다. 그러나 이와 더불어 밝혀지는 것은, '그가 미래적으로 열망하는 것'과 그가 '현재적으로 경험하는 것'은 전적으로 다른 것이라는 사실이다. '어떠한 것으로부터 눈을 돌리는' 순간, 인간의 현실 존재와 가능존재를 모두 포함하는 보화들이 알려지게 된다. 그러한 열망이 '구체적'이 될 수 있으려면, 그는 이미 새로운 인간 ─옛 인간이 목적으로 삼았던 ─이어야 한다. 만약 '저 먼 곳을 열망하는 자'가 자신의 목표를 현실에서 구체화하는 것이 방법론적으로 불가능하다면, 그가 할 수 있는 고유한 일은 삶을 시문학적으로 표현하는 일이다. 비록 그가 자유와 정의, 죽음이 없는 새로운 왕국을 자세히 묘사하는 일을 포기한다고 하더라도, 이

---

2   소포클레스, 『아이아스』 522, 866/1197

러한 것들에 대한 함의적인 형식 규정들은 그에게 남는다. 따라서 이 경우에도, 그는 자신이 《이곳에》뿐 아니라 《그곳에》도 존재한다는 사실로부터 완전히 벗어날 수 없는 것이다. 이와 같이 인간적인 초월은 인간적인 불가능성과 매우 긴밀하게 연결되어 있는 것이다. 그리고 이때 '말(언어)을 하는 인간'은 자신의 가장 극단적인 "자기-밖"을 "자기에게-주어진" 것으로 파악하게 된다. 이러한 방식으로 초월은 인간적인 불가능성이 아니라, 인간적인 가능성이 된다.

시문학 덕택으로 《이곳에》뿐 아니라 《그곳에》도 존재하는 인간은 자신을 속이는 것이 아니다. 그는 정신적, 심리적, 물리적인 도전들에 직면하여, 즉 삶의 참을 수 없는 어려움에 직면하여, 자신의 변화에의 의지, 개선에의 의지를 가지고, 자신의 위기에 위로를 주려는 열망으로 살아가는 것이다. 이를 통해 자기 초월에 대한 신뢰가 — 이론적으로나 실천적으로 — 자신의 힘의 원천이라는 것이 입증되고, 정당화된다. 즉 인간이 열망하는 삶은 시문학을 통해 정당화될 수 있는 것이다. 물론 이러한 정당성은, 단지 《이곳에서의》 삶이 살아가야 할 완전한 권리를 다시 가지게 될 때 확인된다. 이와 같이 그가 열망하는 전적으로 다른 행복은, — 만약 그가 그 행복을 그의 삶 동안 의식할 수 있고, 자신의 근본으로부터 그러한 삶을 긍정할 수 있다면 — 단지 시문학 안에서만 열매를 맺을 수 있는 것이다. 이렇게 볼 때, 모든 사실적인 것을 넘어서는 것(초월)은 추상적-유토피아적('존재하지 않는 곳'이란 의미로서)인 사건이 아니라, 자신에게 주어진 최고의 선물, 즉 아직 '은폐되어 있는 시문학적 능력'(Poetica abscondita)이 구체화되는 사건인 것이다.

II

타자와 함께하는 삶 속에서 그에게 버팀목이 되어 주기도 하고, 그를 제지하기도 하는 모든 것이 초월과 더불어 사라지는 것은 아니다. 오히려 성공적인 초월은 그로 하여금 삶과의 결합을 더 강화시켜 준다. 실천적인 삶의 연대성을 위해 요구되는 '결합'은, 서로 분리된 것을 한데 모으는 일을 뜻한다. 그런데 본래적인 인간의 연대성 안에는 '차이'가 놓여 있으며, 차이는 연대성을 위한 표현이기도 하다. 이 '차이'는 우선적으로 인간과 대지 사이의 차이로 나타난다. 이때 대지란 의미는, 문화적, 정신적 조건을 포함해, 인간의 삶을 위해 자연이 부여한 모든 조건들 총체를 의미한다. 인간과 신 사이의 차이는 —인간의 본래적인 연대성이라고 언명된— 인간과 대지 사이의 차이와는 경쟁적인 관계가 아니다. 인간과 신 사이의 차이는, 종교적인 시문학이 묘사하고 있듯이, 신에 의해 만들어진 차이이다. 그런데 시문학이 인간의 본질(넓은 의미로 이해된 본질)에 속한다면(인간 발생론에 의하면 철학도 인간의 본질에 속한다), 인간과 신 사이의 차이는 인간이 자연의 연대성 안에서 발견한 차이이기도 하다. 따라서 신은, 대지와 인간의 생명의 연대성 밖에 있는 제3의 것을 뜻하지 않는다.

인간과 대지 사이의 연대성은 자연의 법칙에 따르는 것이 아니라, 인간의 자발성을 요구하는 사건이다. 화산의 폭발이나 지진, 해일, 허리케인, 운성의 충돌과 같은 사건들을 도외시한다면, 자연이 엄청난 힘으로 인간을 위협하던 시기는 특히 과거적인 것이다. 왜냐하면 인간은 자신에게 필요하거나 필요치 않은 모든 삶의 자원들을 제공해 준 자연을 지배해 왔기 때문이다. 그렇다면 삶의 근원인 자연(대지)과 인간의 연대성을 확고히 하는 것은 단지 인간의 책임으로 이해되어야 하며, 특히 더 좋은 삶을 위해 인간은 우주적인 힘에 이르기까지, 인간과 대지의 생명의 연대성의 문제를 해결해야 한다.

이를 위해 요구되는 책임을 넘겨받는 일은, 정치적인 법칙 부여를 포함하여, 정치적인 과제로 나타난다. 정치적인 법칙 부여와 밀접하게 연관될 때에만 도덕적인 규범들은 유용할 수 있다. 법칙들은 공동체를 구속력 있게 만드는 가치를 지닌다. 반면에 그 배후에 어떠한 정치적인 제재 가능성도 갖지 못하는 도덕적 호소들은 기껏해야 정신적인 자양분에 불과하다. 즉 도덕적 호소들은, 그 자체로 볼 때, 인간과 대지의 생명의 연대성에 대하여 책임을 묻는 데 유용한 것은 아니다. 이런 점은 종교적-시문학적인 호소, 즉 《창조를 보존하라!》는 호소에도 적용된다. 이 말은 좋은 말이다. 왜냐하면 많이 들어온 말이기 때문이다. 그러나 그 말이 영향력을 가지려면, 그 말은 정치적-법칙적인 근거들과, 이와 연결된 실행 능력을 필요로 한다.

III

인간과 대지의 연대성과 관련해, 조만간은 인간도 대지도 현저하게 변하지 않을 것이라는 것에서 우리의 논의는 출발한다. 예를 들어 대지의 온난화의 경우, 인간은 이것을 부추기는 일을 멈추지 않을 것이며, 자연의 법칙에 따라 온난화로 인해 이미 대지(자연)는 《고통》을 받고 있다. 따라서 세계를 당장 변화시키고 개선시켜야 한다는 요구는 거대한 회의주의에 부딪치게 된다. 그러나 인간과 대지 사이의 생명의 연대성이 존재하는 한, 정치적인 법칙 부여 과정은 지속될 것이다. 우리의 경험으로부터 볼 때 그러한 법칙부여 과정은, 대지와 인간의 연대성이 본질적으로 변하지 않을 것이라는 전제에서 출발한다. 따라서 인간 역시 조만간 자신의 책임으로부터 벗어날 수 없을 것이다. 당장 개선해야 한다는 제안은, 마치 '만약'이라는 조건을 걸고, 어느 시점에 인간이 모든 것을 단번에 변화시킬 수 있을 것이라고 주장하는 것과 같은 오류에 빠질 수 있다. 이것은 '미래'라는 개념을 잘못 이해하는 것이며, 현재의 강력한 생명력을 지속적으로 약화시키는 일이다. '더 나은(개선된) 미래', '행복한 미래'라는 표현은, 습지 ─ 세계 개선을 외치는 예언가들에 의해 현재 인간이 거주하고 있는 대지는 습지로 변하고 있다 ─ 로부터 올라온 도깨비 불과 같은 것이다. 그런데 이미 제시했듯이, 영향사적으로 성공적인 종말론자들은 '반복'을 강조한다.[3] 그들은 절대적인 미래를 사유하고 시문학적으로 표현한다. 이때 절대적 미래는, 그 안에서 모든 것이 '다시'(wieder) 좋아지는 미래라는 의미를 갖는다. 반면에 우리가 역사적 인간을 고려하고, 그가 실제적으로 살아가는 시간을 고려한다면, 이 경우 미래는 유한한 미래, 즉 진정한 반복(Wiederholung)이 이루어지는 '시간적인'(zeitliche) 장소라는 것이 드러난다. 인간은 대지, 다른 인간들과 관계하면서 반복적으로 살아가는 자이다. 이러한 것들과 관계할 때 수반되는 기술적, 경제적 상황들이 매우 변화된다고 하더라도, 인간은 대지의 보화들을 착취하고, 자신과 같은 인간들로부터 이득을 취하는 방식으로, 반복적으로 살아간다. 착취하고 이득을 취하는 데 해가 되지 않을 정도로 인간은 자신의 무분별함을 제한하기도 한다. 그러나 인간의 무분별함을 단지 이러한 의도로 제한하는 것은 충분하지 않다. 왜냐하면 역사적 인간은, 자기 자신까지 희생되는 한이 있더라도, 그러한 삶을 반복적으로 살아갈 준비가 되어 있

---

3   위 101쪽 이하 참조

다고 주장하고 있기 때문이다.

'인간은 변하지 않고 개선되지 않는다'는 말은, 그를 비난하는 것이 아니라, 오히려 인간이 그러한 존재라는 것을 확실히 하는 표현이다. 따라서 그가 정신적-종교적으로 변화된 조건들 하에서도, 변하지 않고 반복적으로 살아가는 것은 놀라운 일이 아니다. 왜냐하면 자신의 급진적인 변화를 수행하는 자 역시, 반복적인 삶에 충실하게 참여하는 자이기 때문이다. 고대 그리스에서는 정치적, 개인적인 적을 제거하려고 할 때, 그에게 '신을 모독한 자'라는 판결을 내리는 것을 선호했다. 왜냐하면 그것이 성공적인 방식이었기 때문이다. 예를 들어, 공동체에서 행해지는 인간적 실천 방식, 특히 포착될 수 없는 것, 알 수 없는 것, 접근할 수 없는 것과 연관되는 실천 방식은 거짓된 방식, 혹은 결코 행하여서는 안 되는 것이라고 비난받아 왔다. 다양한 종교적, 법적 문화의 차이에도 불구하고, 《무신론자》를 소크라테스와 같이 독살시키고, 《마녀들》을 화형시키는 사건들이 벌어졌으며, 결국 그러한 사건들은 '반복'되는 것임을 알 수 있다: 이때 '포착될 수 없는 것'은 재판관들에게 절대적인 냉혹함을 부여하며, 그의 판결에 정통성을 부여함으로써, 그 판결이 정당한지 더 이상 질문하지 못하게 한다.

오래전에 유태인이 시문학적으로 창작했던 신, 그들에게 주어진 종교적 재능(이것은 그들의 고유한 존재이다)을 통해 그들이 믿고 두려워하고, 간청해 왔던 신, 그 신은, 특히 그의 유일성이 문제가 될 경우, 매우 감정적인 신(질투하는 신)이었다. 그 신 대신 바알을 믿는 자, 그 신 외에 다른 신들(본래 신이 아닌 신들)을 받아들이고 선택하는 자는, 고발되는 경우, 돌에 맞아 죽었다. 오늘날 로마 가톨릭의 믿음의 경우, 제도화된 변호인단은 더 이상 정치적으로나 문화적으로, 죽음에 이르는 형벌을 승인하지 않는다. 그러나 이 경우에도 단 하나는 반복되고

있다: 그것은 유일신에 대한 독점적인 요구이다. 신명기에서 신이 이스라엘인에게《너희는 내 앞에서 다른 신들을 섬겨서는 안 된다》[4]라고 말한다면, 이러한 말은 2012년 로마 가톨릭 교회에서 동일한 의미로 다음과 같이 반복되고 있다.《너희는 로마 가톨릭 정통이 확정한 믿음 외에 다른 믿음을 가져서는 안 된다》. 종교적인 시문학이 논리적으로 절대자(신)에게까지 올라간다면, 그 신 외에 두 번째를 위한 자리는 더 이상 존재할 수 없는 것이다.

IV

인간적 태도 안에 지속적인 것이 있는지 살펴보면, 우리는 어떠한 것도 일반화할 수 없다는 것을 알게 된다. 왜냐하면 인간은 때에 따라 다른 태도를 취할 수 있기 때문이다. 원래 '지속적인 것'이라는 단어에서 강조점은 '유적 보편성'이란 의미가 아니라, '시간을 관통해 스스로 머물러 있는 것'이란 의미에 있다. 인간에게는 절대적, 종말론적으로 사유된 미래가 허락되어 있지 않다. 이것은 불가능한 일이다. 그에게 가능한 것은, 역사적 인간으로서 시간의 흐름 속에서도 자기 자신으로 머물러 있는 일이다.

　지속적인 것에 대하여 말할 때, 인간의 행동에서 변치 않게 하는 것이 무엇인가? 라는 질문이 생겨난다. 그러나 우리는 심리학적 인간론에 따라 충동, 병적 욕망, 열망, 의지, 쾌락을 구분하는 대신, 철저하게

4　신명기 5장 7절; 출애굽기 20장 3절:《너희는 나 외에 다른 신들을 섬겨서는 안 된다》.

욕구와, 이에 상응하는 갈망에 대하여 말하고자 한다. 이를 위해 7가지 예를 든다면 (욕구를) 함께 즐기고, 신뢰할 수 있으며, 인정받고, 표현할 수 있으며, 앎을 획득하고, 타인보다 뛰어나고, 타인보다 더 많이 소유하는 것을 들 수 있다. 여기서 인용한 예들이 진정으로 지속적인 것이라고 한다면, 이에 대하여 다음과 같이 말할 수 있을 것이다: 인간의 세계를 묘사할 때, 위의 7가지 중 단지 하나라도 포함되지 않고 배제된다면, 그것은 바로 인간과 무관한 것, 그리고 뛰어난 문화 역사에서 만날 수 있는 것과 무관한 것에 대하여 말하고 있는 것이다. 물론 이러한 주장은, 인간의 삶의 세계와 죽음의 세계 모두를 통합하고 조망하게 하는 궁극적인 문화유산들에 대하여 말하려는 것이 아니다. 오히려 이러한 주장이 말하고자 하는 것은,《우리의》세계 안에는 다양한 차이들을 지니는 형태들이 존재한다는 것, 그러나 그것을 알 수 있게 하는 것은 '지속적인 것' 자체라는 점이다. 왜냐하면 지속적인 것 안에는,《인간적인 것》서로 간에 투쟁을 야기시킬 수 있는 잠재력도 숨겨져 있기 때문이다.

신뢰할 수 있기를 욕구하는 것은, 자기 자신을 신뢰하고 자신의 고유한 삶을 가질 수 있다는 것, 그리고 공동체 안의 낯선 타인을 신뢰하는 것, 마지막으로 우리의 능력을 넘어서는 것에 대한 신뢰로 나뉜다. 이와 더불어 인간보다 더 우월한 능력을 지닌 전능자에 대한 갈망을 말하고 있다면, 이 경우 우리는 단지 종교적인 믿음을 가진 자만이 갖는 신뢰에 대한 욕구, 그리고 시문학적인 욕구와 마주치게 되는 것이다. 믿는 자가 그것을 알지 못하더라도, 그가 신의 의지와 인도함을 신뢰하고 따른다면, 그는 이미 시문학적 태도를 취하는 것이다. 이때 그는 자신의 삶과 세계에 대한 신뢰가 상승한다고 생각하는 대신, 궁극적으로는 자신을 '스스로 저 너머를 갈망하는 자' 로 이해하고 있는 것이다. 그는

유한한 세계로부터 영원한 세계로, 구원이 없는 세계로부터 구원의 왕
국을 갈망하는 것이다. 따라서 그는 다음과 같은 시를 지을 수 있는 것
이다:

> 우리는 우리 자신을 신뢰하지 않고, 우리 자신에 대하여 확신하지 않고, 오
> 히려 죽은 자들을 살리신 신을 신뢰하는 것입니다.[5]

믿는 자가 자신의 믿음을 신뢰하면 할수록 — 그는 이것이 시문학적인
태도라는 것을 인지하지 못한 채, — 그는 자신에게 고유한 삶과 죽음
을 더 긍정할 수 있는 것이며, 이에 더불어 타자의 삶과 죽음과도 긍정
적으로 관계할 수 있는 것이다. 물론 이러한 주장은 믿음을 이성적인
해명하는 것처럼 보이기도 한다. 그러나 믿는 자가 자신의 믿음 때문에
더 이상 이성적인 해명을 하지 않으려고 한다면 그것은 다음과 같은 역
설로 나타난다. 즉 유한한 삶은, 그 삶이 부정되고 영원한 삶 안으로 지
양될 때, 긍정될 수 있다는 것이다.

   시문학적인 창작에의 욕구를 취할 때, 인간과 대지의 생명의 연대성
에서 가능한 것보다 더 많은 의미를 지닌 인간 자신의 내면적 특징이
발견되기도 한다. 왜냐하면 시문학적 창작에의 갈망은 초월에의 갈망
을 부추기고, 그것에 만족하기 때문이다. 호메로스가 트로이 전쟁에서
죽어간 전사 — 한 남성과 사랑스러운 요정 사이에서 태어난[6] — 에 대
하여 보고하고 있다면, 이 서사적인 작품은 불가능한 것을 통해 삶의
세계를 더 풍요롭게 만들고 싶은 욕구와 능력을 보여 주고 있는 것이

---

5   고린도후서 1장 9절
6   호메로스, 일리아스 6,21이하; 14, 444

다. 자신의 작업을 이해하는 모든 조각가도 이와 동일한 것을 행하고 있는 것이다. 피디아스와 렘부르크가 조각한 나체의 젊은이 상은, 그 아름다움으로 볼 때, 혹은 너무 긴 손과 발들을 볼 때, 살아 있는 인간의 모습으로 만들어진 것은 아니다. 여러 모로 볼 때, 그것은 새로운 창작물로서, 이 세계에 속하지 않는 현실성을 가지고 이 세계를 보다 더 풍요롭게 하려는 시도이다. 예술적 형태로 작품을 감상하려는 욕구도 일종의 창작에의 욕구에 속한다면, 그러한 감상자 역시, 우리가 살아가는 이 세계보다 더 높은 현실성을 지닌 세계를 창작하려는 또 다른 '공동 창작자'인 것이다.

예술의 더 높은 현실성은 두 번째 현실성도 아니고, 다른 세계의 현실성도 아니다. 예술 작품들은 인간적 삶의 현실성을 능가하지만, 전적으로 다른 현실성을 제시하는 것은 아니다. 그러나 예술을 지배하는 본질적인 특징은, 익숙한 것이나 진부한 것과 같은 저급한 현실성을 파괴하고, 공동체적이고 유한한 삶에 도움이 되는 고귀한 현실성을 건립하는 데 있다. 이런 점은 종교적 시문학에도 적용된다. 종교적 시문학은, 한편으로는 허무주의라는 표현방식을 통해 저급한 현실성을 드러내고, 다른 한편으로는 '파악 가능한 것'을 '파악할 수 없는 것'과 연결시키는 방식으로 고귀한 현실성을 드러낸다. 이러한 시문학의 역설을 꿰뚫어 본다면, '저 너머를 열망하는' 시문학적인 초월의 형태들은, 결국 삶이 살아볼 만하다고 긍정하고 있는 것이다. 종교심을 갖고 만족한다는 것은 삶의 능력이 향상된다는 것을 뜻한다. 그것은 삶의 무상함이란 특징에 반대하여 맹목적으로 영원성을 추구하는 대신, 오히려 이 삶을 긍정하며 현재를 살아가려고 힘차게 결단하는 것을 뜻한다.

V

삶은 탄생과 더불어 시작되고, 자손의 번식에서 정점에 이르고, 죽음과
더불어 끝난다. 삶의 무상함은 당연한 것이다. 만약 과학과 기술이 진
보라는 망상, 창조라는 망상을 가지고 삶과 인간을 오도하기를 시도하
고, 실제적으로 오도하고 있다면, 그것은 삶과 인간에게 잘못하고 있는
것이다. 만약 신학이 유한한 인간의 삶을 특히 허무주의라고 경멸하고
조소하면서 《나의 죄, 나의 죄》라고 외친다면, 그것 역시 인간에게 잘
못하고 있는 것이다. 인간은 자신의 삶의 방식에 대해서나, 자신 안에
'지속적인 것이 존재한다는 것에 대해서 죄책 ─ 불가능한 죄책 ─ 을
가질 필요가 없다. 인간이 살아가는 방식을 문제 삼아 신학이, 특히 그
리스도교 신학이 인간에게 몰아넣는 공포는, 엄밀한 의미에서, 본질이
변질된 것이다.

매우 많은 인간들은 삶의 무상함, 노화, 노쇠함, 죽음에 대한 문제를
가지고 있다. 그런데 이러한 문제를 갖지 않는 인간이 있다면, 인간의
문제를 해결하려고 노력하는 신학에 반대할 수 있을 것이다. 인간이 탄
생, 사랑, 죽음에 직면해 던지는 질문은 대답될 수 없는 것이다. 어떠한
말도 어떤 것을 그 자체로 진술할 수 없듯이, 삶도 삶 그 자체에 대하여
진술할 수 없다. 마찬가지로 죽음도 죽음에 대한 완성된 문장을 허락하
지 않는다. 그러나 다양한 예술들이 존재하며, 예술들은 이렇게 대답될
수 없는 질문들에 대하여 ─ 인간의 삶을 이끌고, 자극을 주는 방식으
로 ─ 항상 새로운 대답의 형태를 제공한다. 무엇보다도 그것은 성공적
인 삶의 능력에 관여하는 '삶의 예술(기술)'로 나타난다. 일반적으로
인간이 자기 자신에 대하여 질문하고, 그것이 대답될 수 없다는 것을
항상 새롭게 경험하면서도, 그것에 대답의 형태를 제공하는 일은, 인간

에게 고유한 방식이다. 인간은 자신의 시문학적인 능력을 통해 자신은, 자신이 알고 있는 것, 알 수 있는 것보다 더 우월하다는 것에 대하여 신뢰를 갖게 된다. 만약 자기 자신에게 하나의 비밀로서 존재하는 것이 인간이라는 사실을 통찰할 수 있다면, 위의 주장은 과장된 말도 아니고, 공허한 객기도 아니다. 그런데 그럭저럭 살아가는 인간이 아니라, 단지 예술가만이 이러한 비밀에 도달할 수 있다. 대답할 수 없는 인간의 질문에 대하여 시문학적으로 작품화하는 일이 없다면, 인간의 비밀이라는 것도 존재하지 않았을 것이다.

이러한 점은 종교와 신학이 인간에게 수없이 metanoetik, 즉《생각을 바꾸라!》라고 주장하는 것에도 적용된다. 이 주장은 종교와 신학의 시문학적 특징을 받아들이라는 것을 뜻한다. 물론 이것이 어떻게 성공할 수 있는지에 대한 문제는 남는다. 그럼에도 종교와 신학이 그러한 잠재력을 가지고 있다는 사실은, 인간이 이것들에 특별한 관심을 갖는다는 점에서도 입증된다. 예를 들어 '부활'이라는 의미는 죽음을 시문학화한 것으로서, 생물학적 한계에 반대해 정신적, 정서적으로 강력한 자유를 열어 놓는 일을 뜻한다.[7]

---

7 베네딕트 16세는 육체적 부활은 실재적 사건으로서 로마 가톨릭의 믿음을 위해 포기할 수 없는 것이라고 선언하며,《역사 안에서 믿음의 사건》을 (《아마도》) 매우 예외적인 사건으로서, 극단적인《진화적 도약》으로 이해하고, 간주하기를 제안하고 있다. 극단적이고 도약적인 변화는 죽은 시신이 생명력 있고 영원한 생명체로 '실제적'으로 바뀐다는 데 있다. 이러한 표현은 시신의 부활(이사야서 26, 19)에 대한 이야기를 반복하는 것이다. 그러나 이것이 어떻게 실제 사건으로 일어날 수 있는지에 대하여는 설명하지 않고 있다. 말하자면 이러한 표현은 아무것도 설명하지 않을 뿐 아니라, 아무런 해석도 제시하지 않고 있는 것이다. 요셉 라칭거, 『나사렛 예수』, 2부, 「예루살렘 입성부터 부활까지」, 프라이부르크 2011, 299

VI

《그리고 그들은 더 이상 아무런 악도 행하지 않으며, 누구도 어떠한 것을 상하게 할 수 없을 것이다》[8]. 이 문장은《그곳에서 늑대와 양이 함께 식사를 할 것이다》와 연결되는데, 이것은 인간과 동물에 관한 불가능한 비유이다. 이 비유들은 완전함에 도달한 삶을 보여 주려고 한다. 그러나 이 이야기에 의하면, 인간은 더 이상 인간의 생명력을 갖지 못하며 동물도 동물의 생명력을 갖지 못한다. 그런데 생명력을 갖지 못한 인간, 즉 죽은 인간은 인간 자신의 질문에 대한 대답이 되지 못한다. 그러나 이 이야기는 대답 불가능한 것에 대한 묘사이기도 하다. 왜냐하면 믿는 자는 믿음을 통해, 예언자(이사야)의 말에서 전혀 다르고 전적으로 새로운 삶에 대하여 듣기 때문이다. 이것은 중요한 예외적인 사건이다. 왜냐하면 믿는 자는 자신의 모든 능력을 가지고, '은폐된 시문학' (Poetica abscondita)이 시문학적으로 대답하고 있는 것을 보기 때문이다. 또한 믿음 속에서 그는 결코 인간이 창작한 것과 마주치지 않고, 오히려 그는 자신이 전적으로 다른 곳에 있다는 것을 알게 된다.

인간에게 가장 중요한 질문을 던지게 하는 강력한 동기가 바로 인간의 유한성에 놓여 있다는 사실을 역사적인 인간이 경험하고 안다면, 그는 단지 삶의 대답 불가능성에 대하여 심사숙고하는 데 그치는 것이 아니다. 만약 우리가 시, 조형예술, 음악, 연극, 필름, 춤, 건축물에서 때때로 강력한 표현력을 지닌 작품들을 발견한다면 ─물론 그것들이 어떠한 대답을 주는 것은 아니지만, 우리에게 고유한 통찰력을 제공해 준다면 ─, 우리는 종교적 믿음이 인간의 질문에 대한 대답을 알고 있는

---

8   이사야서 11장 9절

것은 아닌지, 혹은 종교적 믿음이 대답될 수 없는 질문에 대하여 일정한 형태의 대답(작품)을 제공할 능력이 있는 것은 아닌지, 질문하게 된다. 그렇다면 고린도전서, 후서, 로마서 같은 서한들은 ─ 그것들을 시 문학으로 읽는다면 ─, 비록 대답 자체를 주는 것은 아니라 하더라도, 인간의 비밀의 흔적을 보여 주려고 한다는 것을 알 수 있다. 왜냐하면 믿음의 신비(Mysterium fidei)는 삶의 비밀들을 형태화(작품화)하는 것을 통해 드러나기 때문이다.

인간이 만들어 낼 수 있는 모든 것에 대하여 알려고 하는 과학과 달리, 또한 인간에게 확신을 주고 인간에게 은총을 보증하는 믿음 안에서, 혹은 인간을 위협하는 방식을 통해 도움을 주는 믿음 안에서 신비를 보게 하는 신학과 달리, 시문학적 인간은 존재와 삶의 '대답 불가능성'에 ─ 존재와 삶의 비밀을 보존하는 방식으로 ─ 대답의 형태를(작품을) 제시한다. 시문학적 인간은, 자신이 대지로부터 와서 대지에서 살고 다시 대지로 돌아간다는 것(《대지로부터 대지로》), 자신이 살아온 삶 정도의 삶을 살아야 한다는 것, 그러한 삶을 받아들이거나 잃을 수도 있다는 것을 알고 있다. 이런 의미에서 시문학적 인간은 영웅적 인간이 아니다. 그는 자신이 어떠한 것에 의미를 부여할 수 있다는 것을 알지만, 동시에 그러한 의미 부여가 어느 정도까지 가능한지에 대하여 의도적으로 속이려고 하지 않는다. 삶은 삶 자체에 대한 판결, 혹은 엄밀한 의미에서 삶 자체를 넘어서는 판결을 허락하지 않는다. 그러나 주어진 삶을 살아가고 받아들이는 것 이상으로 삶 자체에 대하여, 즉 비밀을 간직하고 있는 삶 자체에 대하여 우리는 질문할 수 있다. 이러한 삶을 드라마의 방식으로 표현한 것이 바로 문화의 원천이었던 것이다.

VII

삶의 비밀은 실제적 의미를 간직하거나, 거부하고 있는 사실 자체가 아니다. 또한 삶의 비밀은 수수께끼도 아니다. 왜냐하면 그것은 풀릴 수 있는 수수께끼가 아니기 때문이다. 삶의 비밀은 인간 자신에 대한 질문을 형태화(작품화)한 것이며, 이런 의미에서 그것은 시문학 작품이다. 시문학은 대답할 능력이 없다. 왜냐하면 시문학은 불가능한 것에 대하여 질문하기 때문이다. 그러나 인간의 창작 능력을 부추기는 불가능한 것이야말로 시문학의 고유한 주제이다.

인간에 대한 질문에 대답할 수 있는 자, 즉 불가능한 것의 가능성에 대하여 알 수 있는 자가 누구인지 질문한다면, 우리 문화의 근원인 그리스 고전 중 엘레우시스에 있는 데메테르의 성소 안에서 데메테르 여신과 그녀의 딸인 페르세포네로 분장한 시문학적 형태의 인물들(종교 입문자들)을 기억하면 좋을 것이다. 그들은 삶의 비밀을 알고 있다. 초기 그리스 시는 그들을 행복한 자라고 칭송하고 있다:

> 그것을 보고 지하로 내려가는 자는 행복하다. 그는 삶의 완성을 본 것이며, 제우스신이 만든 시원을 본 것이다.[9]

위 문장에 의하면, 결코 누구도 자신의 앎을 밖으로 끌어낸 적이 없다는 것이다. 엘레우시스 안에서 보았던 삶의 비밀은 오늘날까지 은폐되어 있다. 그럼에도 이 신화 안에는, 페르세포네가 가을에 하데스로 내

---

9 핀다로스, 『단편들』 121 (『핀다로스의 단편들을 포함한 시작품들』(Pindari carmina cum fragmentis) (C.M.Bowra 편집, 옥스포드__ 1951): olbios hostis idon kein eis hypo chthon. odei men biou teleutan, oiden de diosdoton archan.

려가고(kathodos), 이른 봄에 다시 하데스로부터 나오는(anhodos) 이
야기가 묘사되고 있다. 이 이야기는 놀라운 방식으로 불가능한 가능성
에 대하여 말하고 있다: 그녀가 일 년 중 2/3는 지상 세계에서, 1/3은
지하 세계에서 살아야 된다는 것이다. 아주 용감한 남자라고 하더라도
하데스로부터 빠져 나온다는 것, 그것은 얼마나 놀라운 일이며, 우리의
이해를 벗어나는가? 그러나 이것은 이해하기 매우 쉬운 비유이기도 하
다: 씨앗은 대지 속에서 죽으면서, 대지 위로 풍요한 열매를 산출한
다.[10] 종교 입문자들이 보고 있는 삶의 비밀은, 정확히 이해하면, 바로
삶 자체, 즉 성장, 꽃핌, 열매 맺음, 죽어감, 다시 새로운 열매 맺음을
뜻한다. 부활에 대한 비유는 완성된 '죽은 존재'에 대한 비유이다. 인
간 남성과 여성은, 경작지의 씨앗과 대지에 해당한다. 이 경우 삶의 비
밀은 후손을 통해 재생산되는 삶을 가리킨다.

　삶의 비밀이 삶 자체라고 표현한다면, 이것은 인간적인 이해를 위해
모든 것을 말한 것이기도 하고, 아무 말도 하지 않은 것이기도 하다. 자
신이 어디서 와서 어디로 가는지 질문하고 대지로부터 와서 대지로 가
는 것이라고 말한다면, 그는 모든 것을 아는 것이다. 그러나 동시에 그
가 진정으로 질문하려는 것이 사실에 대한 질문이 아니라 의미에 대한
질문이라고 한다면, 그는 자신이 알고자 원하는 것에 대하여 아무것도
모르는 것이다. 그러나 삶의 의미가 삶 자체라는 것은, 더도 덜도 아니
고 삶에 대하여 우리가 익히 들어온 것, 즉 인간 종에게 있어 본질적인
것은, 삶이 (이전의) 삶으로부터 유래하고, 삶이 (이후의) 삶을 재생산
한다는 점을 뜻한다. 이러한 질문과 대답의 과정을 고려한다면, 대답

10　요한복음 12장 24절. 루터 번역본에서 사용된 단어《죽어 가다》(ersterben : apo-
thanein)는 통상적으로 사용되는 '죽다'라는 단어의 의미이다.

불가능한 인간의 질문에 대하여 작품화하는 예술은 뜻하지 않게 놀라운 의미를 갖게 된다. 인간 자신의 질문에 대한 대답은, 실제적으로는 인간과 관련된 것에 대하여 아무런 말도 하지 않는다는 점이다. 그러나 질문에 대한 대답 불가능성은 예술적 작품과 시문학적인 해석 안에서 비로소 삶의 비밀을 가능케 하며, 삶의 비밀은 이러한 시문학적 작품들 안에서 감각적, 정신적, 비유적인 힘들을 통해 그 자체로 드러나게 된다. 그리고 이를 통해 시문학적 작품들은, 일상성과 과학에 실제적인 의미를 제공하기도 하고 제공받기도 하는 현실성보다,《더 많은》현실성을 인간의 삶의 세계에 제공하는 것이다.

VIII

삶의 비밀은 인간이 대지에 의존하고 있다는 것, 더 나아가 우주적 사건으로부터 소외되어 있다는 문제를 보여 준다. 니체는 인간의 실제적인 삶의 크기와 도덕적 크기가 얼마나 작은지 보여 주기 위해, 생각하기 어려울 정도로 거대한 우주의 시-공간적 크기를 제시하고 있다. 이것을 통해 그는 인간의 정신적 실존을 비유적으로 표현하고 있다. 물론 이 비유에서 묘사되고 있는 비참함, 허망함, 덧없음, 목적 없음, 임의성 등을 지나치게 강조할 필요는 없다.[11] 그러나 그가 보지 못하고 있는 것은, 양적인 것이 ─ 어느 시점에 이해하기 어려운 방식으로 ─ 질적인 것으로 변화되는 과정에 인간이 적극적인 참여자로 존재한다는 것이

---

11   프리드리히 니체, 『비도덕적인 의미에 있어 진리와 거짓에 대하여』, 전집(KSA) 1권, 뮌헨 1980, 875

(스스로에게 질문하는) 인간을 얼마나 위대하게 만드는가 하는 점이
다. 니체의 의견과 달리 수백 광년 떨어진 별이 빛나는 것은 아무 의미
도 없는 것이 아니다. 삶과 마찬가지로 우주도 역동적인 크기를 갖는
다. 삶이《계속되듯이》, 우주는《계속 팽창한다》. 모든 크기는 유한한
크기이지만, 삶과 우주의 크기가 그렇듯이, 그 크기는 — 고정된 순간
에 실제적으로 — 제한되어 있는 것이 아니다. 오히려 확실한 것은, 삶
과 시-공간은 모두 계속되고, 계속 팽창한다는 점이다. 비록 인간이 알
지 못하더라도, 그는 자신의 후손을 통해 계속 살아간다. 이와 같이 인
간의 삶은 계속되고 팽창하는 삶 안에서 완성된다. 이러한 점을 고려하
면, 인간의 질문에 대하여 대답하는 것이 불가능하다고 하더라도, 그러
한 대답 불가능성은 여전히 존재 의미를 갖는 것이다.

　현대사회가 요구하는 것 중 하나가 우주과학이다. 우주과학은 '끈이
론'과 같은 추상적인 이론뿐 아니라, 구체적인 우주의 흔적, 즉 아직
알려지지 않고, 관찰되지 않은 우주에 대한 흔적을, 관찰을 통해, 알고
자 한다. 가장 최근에 성취된 우주과학 이론에서 블랙홀, 암흑 물질, 암
흑 에너지와 같은 개념들이 사용된다면, 이 개념들은 비밀을 보호하기
위한 마법적인 단어들이 아니다.[12] 과학적인 인식에의 의지는 중단되지
않는다. 따라서 모든 어두움과 암흑은 아직 궁극적으로 결정되지 않은

12　물론 마법적인 것도 개념들로부터 출발한다. 연극인 한나 쉬굴라는 2010년 4월 7
일 파리에서 그녀의 친구 고트리베 폰 렌도르프에게 편지를 쓰고 있다:《비록 수많은
죽음의 현존성 앞에서 그것을 상상할 수 없다 하더라도, 우리가 원하는 것과 같이 우리
의 미래는 무한할 수 있을 것 같아 … / 왜냐하면 … / 지금까지 비밀이 폭로되지 않은
블랙홀, 꺼져 가는 별들을 우주 안에 흉터들처럼 남겨 두는 블랙홀, 그 안으로 우리는
빠지지 않을 테니까,/ 왜냐하면 우리의 내적 공간이 무한한 것을 열어젖힐 테니까 … /
그 안에서 모든 것은 항상 또다시, 혹은 반복적으로 존재하게 될 테니까… 안녕이라는
말조차도.》Antje Vollmer,『이중적인 삶. 히틀러와 폰 리벤트롭에 대한 하인리히 렌도
르프, 고트립 렌도르프의 저항』, 뮌헨 2012, 374

것, 또는 충분히 수량화되지 않은 것으로 불리고 있을 뿐이다. 물론 물리학은 궁극적인 비밀에 대하여 알지 못한다. 낙원에 있던 두 그루의 나무들은 이러한 점을 분명히 해 주는 비유이다: 인식의 열매는 비밀을 간직하지만, 그 비밀은 알려질 수 있다. 반면에 생명의 열매는 알려질 수 없는 비밀을 간직하고 있다. 그런데 과학은 알려질 수 있는 비밀을 다룰 뿐이다. 시종일관 과학은 우주 공간에서 아직 발견되지 않은 것을 추구한다. 그러나 알려질 수 없는 세계의 비밀과 우주의 비밀을 자신 안에 간직하고 있는 인간에 대하여 과학은 알 수 없는 것이다.

유한성

I

인간은 변하지 않는다. 그럼에도 그는 매일 새로운 인간이다. 놀랍지만
이러한 모순은 당연한 것이다. 만약 철학과 종교가 인간에게 하나의 거
울을 제시하고, 인간은 그 거울을 보며 자신이 변해야 하는 자라는 것
을 — 개선되어야 한다는 것을 — 인식해야 한다면, 그는 자신을 밝히
는 시도들 안에서 놀랍게도 자신의 미숙함(태만)을 만나게 된다. 일반
적으로 '미숙함'이라고 번역되는 라틴어 단어 inertium을 선택한 이유
는, 이 단어 안에 더 나은 의미가 들어 있기 때문이다. inertium 이라는
단어 안에는 ars, 즉 예술이란 의미가 숨겨져 있다. iners란 단어는, 말
그대로, 예술을 뜻한다. 그러나 그것은 '결코 예술일 수 없는 예술'을
뜻한다(ars in quo non erit ulla).[1] 만약 거울을 보는 자가 원하는 것과

---

1   이러한 번역은 기원 전 2세기 풍자 시인인 가이우스 루킬리우스에 의한 것임. A.
Ernout/ A. Meillet, 『라틴어 어원론 사전』(Dictionnaire etymologique de la langue
latine, 목차를 포함한 교정, 개정 3판, 파리 1951, 87

달리, 그의 시선 안에서 이성과 신에 대한 경외의 움직임이 보이지 않고, 개선을 향한 변화가 보이지 않는다면, 그때 '미숙함'이라는 단어는, 그 본질에 있어, '비-예술성'이라는 의미를 지닌다. 이러한 인간은 자신이 더 나은 인간으로 개선되기를 원하지 않는 자가 아니라, 그럴 능력이 없는 자이다. 그리스도교 설교자들이 본질적인 의미에 있어 '회심'에 대하여 말할 때, 그들이 생각하고 있는 것은, 《지금까지의》 인간과, 그들이 비유적으로 말하고 있는 진정한 인간 사이에 불일치가 놓여 있다는 점이다. 그들에게 《옛》 인간은 생명력을 소진한 인간, 타자에 대한 고려가 없는 인간, 자연적인 생명의 원천에 대한 고려가 없는 인간, 심지어 육체와 영혼의 건강 모두와 전적으로 연관된 자기 자신에 대한 고려가 없는 인간을 뜻한다. 이것을 현대적인 방식으로 번역한다면, 그러한 인간은 자신의 삶의 안락함과, 더 나은 삶을 포기할 줄 모르며, 오히려 그것을 즐기는 자이다. 이러한 비-예술성은 과학, 기술, 경제, 정치라는 너무도 무책임한 4가지 안에서 이미 수행되고 있다.

자신의 삶의 안락함을 간절히 원하는 옛 인간, 변화하지 못한 인간은, 매 순간 가장 새로운 안락함을 즐기려는 새로운 인간으로 살아간다. 그러나 (현재라는 시점에서 볼 때) 새로운 인간을 단번에 극단적으로 변하게 하는 사건이 벌어질 수 있다. 그 사건은 그가 자신의 고유한 유한성과 마주칠 때이다. 인간은 자신을 알면서부터, 자신의 삶이 유한하다는 것도 알았다. 그런데 (현대적인) 새로운 인간은 삶의 유한성을 아주 새롭고 다른 방식으로 이해한다. 유한성을 어떻게 받아들여야 할지에 대한 예시가 이미 과거의 역사적 인간 안에 있다고 하더라도, (현대사회에서) '새로움'이란 단어가 혁명적인 의미를 지닌다는 것은 지나친 표현이 아니다. 왜냐하면 옛 인간의 철학적 가르침이나 종교적 회심과는 거리가 멀어진, 새로운 인간은 더 이상 죽어 가는 것과 죽음에 대하여 논쟁하지 않고, 단지 죽지 않는 것에 자신의 모든 힘을 집중하고 있기 때문이다.

II

인간의 모든 변화 능력을 통해 어떠한 것을 실제로, 극단적으로 새롭게 한다면, 이에 상응하게 대지와 연관된 《새로운 사건》도 존재한다. 현대 과학자들은 20세기 중반에 새로운 대지의 시대가 시작되었다고 회상하고 있다. 이 새로운 대지의 시대는 인간으로 하여금 그의 《세계상》을 변화시키도록 강요하고 있다. 1950년경에 산업화는 새로운 국면에 접어들었다. 산업화는 새로운 인간과 새로운 대지, 그리고 인간과 대지의 새로운 관계를 보여 주고 있다. 이러한 새로움은 유대교, 그리스도교로부터 전승된 종말론적 새로움에 대한 예언과는 전혀 다르다. 왜냐하면 그것은 시간, 즉 역사 안에서 벌어지는 인간-대지-관계에 대한 새로운 변화이기 때문이다. 그런데 도발적으로 말한다면, 새로운 인간은 옛 인간이며, 옛 인간 역시 새로운 인간이다. 왜냐하면 인간에게는 스스로 변화할 능력이 없다는 것(Unkunst des Menschen)이 명확하기 때문이다. 그럼에도 불구하고 타성에 빠져 있는 인간에 의해 산출된 새로운 것은, 인간이 대지에 대하여 아무런 사과도 하지 않고 있다는 사실을 분명하게 보여 주고 있다. 비장하게 말한다면, 대지가 모든 것을 소진하게 될 것이란 점은 틀림없어 보인다. 새로운 전쟁에서 파생되는 손상이나, 대지의 보화들을 기술적으로 전유할 때 파생되는 손상에 대하여 인간은 더 이상 아무런 고려도 하지 않는다. 대지가 단지 인간의 삶, 특히 더 나은 안락함을 열망하고 추구하는 인간의 삶을 위한 자원에 불과할 때, 우리는 대지를 완전히 도구화하는 것이다. 이러한 점은 이미 성서가 묘사하는 명령 안에도 놓여 있다. 이러한 명령을 인간은 창조주 신이 허락한 것이라고 신화적으로 해석하고 있다.[2] 아리스토텔레스가 《우리는 노동을 할 수 있기 위해 휴식을 취한다》 대신 《우리는 휴식을 취하기 위해 노동을 한다》를 선택했다면, '가진 자가 행복하다'(beati possidentes)라는 현대사회의 주장에서 결정적인 것은, 이제 대지가 인간을 위해 존재하는 것이지, 인간이 대지를 위해 존재하는 것이 아니라는 점이다.

인간과 대지의 관계 속에서 극단적으로 새로운 것을 강조하고, 그것에 주목하도록 하는 과학자들은 《여기까지, 그리고 멈추어라!》를 선전하며, 더 나아가 '전환'에 대하여 선전하고 있다. 네덜란드 화학자이며 노벨상 수상자인 파울 크루첸은 새로운 대지의 시대를 인간의 시대로 인식하며, '인간시대'(Anthropozaen)라는 이름을 제안한다.[3] 지질학자와 여타 과학자들은 이 제안을 받아들였다. 그런데 여기서 전환에 대한 다양한 제안들과 논쟁들을 다루는 것은 나의(저자) 과제가 아니다.[4]

---

2 창세기 1장 28절: 《너희들은 대지를 지배하여라》(katakyrieusate: 《대지를 정복하라》, 《대지의 군주가 되어라》).

3 파울 크루첸, 「인류의 지질학」, in: 『자연지』 415, 23, 2002년 1월 3일자

4 예를 든다면: Chandran Nair는 그의 저서 『거대한 소비. 왜 우리 지구의 생존이 아시아의 경제적인 힘들에 달려 있는가』, 뮌헨 2011,에서 다음과 같은 제안을 한다: 지구의 구원을 《자원 경영》과 《적절한 소비사회》를 목적으로 하는 정치에 맡기는 것이 필요하다. 이를 위해 중요한 것은, 아시아에서 소비 자본주의에 유용한 민주주의 시도들을 중단시키고, 《강력한 행정력》을 추구하는 일이다. 이 행정력은 개인들의 이해들 ― 이것은 서구 세계의 경우 경제를 위한 척도인데 ― 에 반해서, 《공익의 최소화》를 추구해야 한다: 《수송 분야에서 중요한 것은, 자동차 산업에 방해되는 것을 단번에 제거하는 일이다. 그 목적은 개인의 자동차를 주요 이동 수단으로 유지하거나 받아들이게 하는 것이다》(167쪽). Nair는 항상 《해야 하는 것이 좋을 것 같다》를 생각하면서도, 그

극단적인 개혁에 대한 인식은 중요하다. 왜냐하면 이러한 인식을 통해 우리는 옛 대지의 새로운 것과 옛 인간의 새로운 것이 매우 밀접하게 연관되어 있다는 점을 볼 수 있으며, 또한 인간의 유한성은 그가 대지 위에서 존재하는 자라는 사실과 밀접하게 연결되어 있다는 점을 볼 수 있기 때문이다. 인간과 대지의 관계가 극단적으로 새로워진다면, 유한성에 대한 인간의 관계도 극단적으로 새로워지게 된다.

III

'대지가 독자적인 존재라는 것'을 인간이 허용하지 않는다면, 그는 대지를 시문학적으로 다루는 대신, 자신의 더 많은 편안함을 위한 자원으로 여기는 것이다. 또한 도를 넘어선 자본 증식의 위험에 대하여 말하지 않는다면, 인간은 대지적인 존재인 자기 자신을 자원의 한 부분으로 만드는 것이다. 그때 자기 도구화는 완성된다. 즉 대지적-육체적인 인간은 자기 자신의 삶을 위한 자원으로 전락하는 것이다. 이와 더불어 그는 자신의 고유한 자기 존재를 무시하게 되며, 또한 자기를 시문학적으로 이해하는 것도 부정하게 된다. 그때 전적으로 다른 삶과 영원한 삶에 대한 갈망은 죽어 가고, 현실성을 창조적으로 고양시키려는 일도 인간의 노력의 범위에서 사라지게 된다. 물론 이것은 감각적-정신적 한계를 넘어서려는 예술가적 정신의 총체적인 종말을 뜻하지는 않는다. 단지 '가진 자가 행복하다'(beati possidentes)라는 말, 그리고 소유하고 또 소유함으로써 최고의 날을 맞을 수 있다는 말, 그러기 위해

표현 대신 《...해야 한다》라고 쓰고 있다.

모든 시간과 에너지를 쏟아부어야 한다는 말이 회자될 뿐이다. 가장 포괄적인 의미에서, 생명 연장을 목적으로 하는 신체 위생학은 과학과 경험에 의해 이루어진 강력한 시도이다. 그러나 이것에 의해 시문학, 특히 종교적인 시문학에로의 입구는 닫히게 된다. 신체 위생학적인 노력과 연관된 책략들과 기술들이, 비록 정신적인 것 안에 근거한다고 하더라도, 그때마저도 '높임'과 초월에의 욕구는 거부되고 있다. 그리고 이제는 아무도 스스로 한계를 넘어서기를 시도하지 않게 되는 것이다. 이제 유일한 관심사는 더 많은 편안함을 제공하는 유기체들의 건강에 놓여 있을 뿐이다.

이미 후페란트는《생명력》의 비밀의 흔적을 추구하기 위해, 장수법과 인간의 생명을 연장시키는 기술에 전념했다. 아마도 200년 후면 우리는《노년, 이것을 해결하는 것은 결코 불가능한 일이 아니다》[5]라고 말할 수도 있을 것이다. 한술 더 떠서 융부른넨은 낙관적인 비유를 통해, 어떻게 흉하고 오래된(옛) 육체가 아름답고 젊은 육체로 될 수 있는지 보여 주고 있다. 길가메시 서사시에 의하면, 길가메시는 그를 젊게 해 주고 그의 생명력을 다시 돌려주는 약초를 얻게 된다. 그 약초의 이름은《늙은 인간을 다시 젊게 하는 것》이다. 그러나 부주의로 인해 — 그러나 우연은 아님 — 그는 그 약초를 잃게 된다.[6] 그런데 이 서사시가 묘사하고 있는 영원한 청춘에 대한 꿈들에서 인간적 생명의 실체는 단순한 자원, 즉 그것으로부터 모든 것을 꺼내고, 모든 것을 집어넣을 수 있는, 그러한 자원으로 도구화되지 않는다. 반면에 시간적인 생명의 연장을 목적으로 하는 자들(과학자나 의학자들)에게 죽음은, 바

---

5   크리스토프 빌헬름 후페란트, 『인간의 삶을 연장시키는 기술. 장수법』(1796), 증보 5판, 베를린 1823. 신판(편집자: K.E.로트슈), 슈투트가르트 1975, 52 이하: 101
6   『길가메시 서사시』(Stefan M. Maul의 번역과 주석을 포함), 뮌헨 2005, 150 이하

울이나 칼 바르트와 달리 정신적인 적으로 간주되지 않는다. 그들에게
죽음은, 강물의 흐름이 그치듯이, 생명이 그치는 것에 비유될 수 있다.
즉 그들은 죽음을, 비록 그것이 궁극적인 것이라 하더라도, 생명을 방
해하는 것 정도로 여기는 것이다.

자원으로 대상화된 대지는 무한자에 도달할 수 있는 지평을 제공하
지 못한다. 고유한 생명을 유기체적인 잠재태로 받아들이는 것은, 생명
을 시간의 영역에서만 바라보는 오류를 범하는 것이다. 그때 고유한 생
명의 시간은 전적으로 직선적인 것이라는 식으로 천박하게 이해되는
것이다. 오래된 생명이 죽고 새로운 생명이 탄생한다는 식의 이해는 생
명의 의미 지평으로부터 이탈하는 것이다. 젊음을 유지하기 위한 삶,
혹은 그럴 수 있는 삶만이 중요하게 여겨진다면, 인간에게 현실성이라
는 것은 단 하나의 수준으로 머물게 된다. 그때 진리를 위해 인간이 갈
망하는 '실재성 이상'(plus reel)에 대한 감수성은 존재하지 않게 된다.
스스로 상승하려고 동기를 부여하는 일도 더 이상 존재하지 않는다. 신
학적 형이상학도, 시문학적인 초월도, 종교적인 믿음에 대한 질문도 더
이상 존재하지 않는다. 그러나 그 이유는, 최고의 존재가 역사-운명적
으로 사라졌기 때문이 아니라, 새로운 삶을 기획하는 데 최고의 존재가
더 이상 유용하지 않게 되었기 때문이다. 인간이 살아가면서 삶의 안락
함, 안락함의 증가, 생명의 연장에만 사로잡혀 있다면, 그는 그에 상응
하는 값을 치르게 될 것이다.[7]

---

7 이에 대하여 문학자 렘츠마는 다음과 같이 주장한다:《실재적인 것을 향하는 총체
적인 요구는 메타포와 상징의 능력을 파괴한다》,《상징에의 능력의 상실은》은 인간적
인 오락에의 욕구와 연결되어 있다:《말하자면 사람들이 순전한 오락이나, 즐거운 소란
들 앞에서 이러지도 저러지도 못할 때에도, 총체적인 현실성에의 요구가 생겨난다》. 얀
필립 렘츠마, 「한셴의 정원에서는 무슨 일이 벌어질까? 상징에의 능력에 대한 지속적
인 상실에 대한 생각」, in: 얀 필립 렘츠마, 『어쩔 수 없는 다수의 무지함. 문학과 예술

IV

《더 오래 살 수 있는 삶》이라는 주도적인 구호는 삶 속에서, 삶과 더불어, 삶의 비밀과 접촉할 가능성을 배제시킨다. 자신의 종말(죽음)을 부정하기 위해 장수법적 노력에 집중하는 것은 본질적으로 유아론적인 생각이다. 필연적으로 비밀로 남아 있는 유한한 삶의 비밀은, 순환하는 삶의 시간 안에서 살아가는 삶에게만 나타난다. 삶의 비밀과 가까워지는 것은, 가까운 타자와, 가까운 —자신뿐 아니라 타자의 —죽음과 가까워지는 일이며, 종교적인 인간의 경우 신과 가까워지는 일이다. 가까운 타자는 누군가로 하여금 유한성을 경험하게 한다: 그는 누군가가 무한한 것으로 성큼 넘어가는 것을 허용하지 않는다. 왜냐하면 가까운 타자는 자신의 타자성과 차이성을 통하여, 누군가로 하여금 그도 그 자신에게 낯선자 라는 것을 경험하게 해 주기 때문이다. 타자에 대한 '알 수 없음' 은 자신에게 고유한 '알 수 없음' 을 매개해 준다. 죽음이 비로소 삶의 유한성을 가르쳐 주는 것이 아니라, 이미 항상 살아 있는 타자가 가르쳐 주는 것이다. 타자와 분리된 삶은 동시에 타자와 유한성을 공유하는 삶이다.

실천적인 삶의 관점에서 볼 때 유한성에 '대립' 되는 것은 —만약 동일성과 타자성을 성공적으로 조화에 이르게 하는 것을 대립으로 이해한다면 — 무한성이 아니라, 또 다른 유한성이다. 인간적인 가까움이란, 삶의 유한한 시간의 흔적들을 파악할 수 있게 깨어 있는 것, 삶의 고귀함과 풍요로운 가능성을 위해 깨어 있는 것을 뜻한다. 자신의 고유한 삶에 대한 존중은, 그것이 가까운 타자에게도 적용되는 약속일 때,

완성된 삶으로 이어진다. 인간적인 삶은 순환적인 사건이다. 삶은 죽음으로, 죽음은 다시 삶으로 이어지는 순환의 길의 입장에서 본다면, 삶과 죽음은 순환하는 삶의 부분들을 뜻한다. 삶을 공유하는 자들이 그때마다 함께하는(in-simul) 삶은, 그들이 그리는 조화로운(Ensemble) 하나의 둥근 원에 비유될 수 있다. 즉 그 삶은 이러한 원 안에서 크고 작은 차이들이 서로 함께 수행되는 삶이며, 그때마다 유한한 원의 운동성 안에서 탄생과 살아감, 후손의 생산과 죽음이 순환되는 삶이다. 삶과 삶의 시간이, 조화로운 상호관계 안에서 삶의 시간 전체라는 거대한 원으로 현재화되고 성취될 때, 이때 유한한 삶을 살아가는 인간은 경계를 넘어서는 자, 즉 모든 가능한 것을 행하는 예술가가 되는 것이다. 단지《아직 날이 남아 있는 동안에》(heos hemera estin).**8**

V

창조 신화들은, 인간이 자신을 해석하기 위해 시, 공간적으로 얼마나 먼 곳을 사용할 줄 알며, 또 그곳을 필요로 하는지를 보여 준다. 창세기 비유에 의하면 인간의 앎은 누설된 비밀로부터 시작되었다. 그런데 현대 과학은 발달된 '정신적-이론적인' 눈과 '기술적-실천적인' 눈에 힘입어, 우주 저 먼 곳까지 — 인간에 대한 신화를 형상화한 과거 예술가들은 꿈꿀 수 없었던 — 알 수 있는 데 이르렀다. 이제 지상적인 인간의 생명은 우연히 주어진 사실로 여겨지게 되었다. 그러나 자기 자신에 대한 인간의 이해를 이끈 것은 과학들이 아니다. 천문학적 차원에서 시간

8　요한복음 9장 4절

과 공간을 측정할 때 '절대적 우연'으로 보이는 것조차도 '사유적인 예술가'에게 다음과 같은 사유거리를 제공한다: 우리는 살아간다; 우리는 삶 속에 있다; 우리는 우리가 삶 속에 있다는 것을 안다; 우리는 삶이 강요하는 것을 받아들인다; 우리는 우리의 삶을 해석한다.

그럼에도 삶에 대한 긍정은 부득이하게 양가성을 지닌다. 이 표현은, 인간에게 좋은 날과 나쁜 날, 빈곤한 시절과 풍요한 시절이 있다는 것을 말하려는 것이 아니라, 오히려 삶 안에는 삶에 활기를 주는 요소, 즉 삶에 대한 불만족이 존재한다는 것을 말하려는 것이다. 삶은 그 자체로 고착화된 현재 상황(status quo)을 받아들이지 않는다. 자신의 육체적-정신적인 힘을 완전히 소유하고 있는 인간도, 그가 수행한 삶, 그가 성공적이라고 경험한 삶에 대하여 맹목적으로 긍정할 수만은 없다. 즉 그는 그 삶을 결코 아무런 의심의 여지없이 긍정할 수는 없는 것이다. 예술가와 같은 인간은 자신의 《일정한 즐거움과 자연적인 달콤함》[9] 외에 아무것도 갖지 않는 '순수한-삶의-존재'에 만족한다. 그러나 사유하고 창조적으로 존재하는 것이 진화된 인간의 본질에 속한다면, 삶에는 모든 정적인 역학에 반대하고, 현재적인 상태에 만족하지 않는 동적인 역학이 속한다. 나는 삶에 속하는 불만족을 긍정적인 불만족이라고 부르고자 한다. 왜냐하면 긍정적인 불만족은 유한한 생명력이라는 우연성을 지닌 생명체에게 원망을 품지 않고, 오히려 시간 안에 있는 그들의 생명력을 행운으로 인지하고, 삶의 시간을 풍요롭게 만들도록 미래를 열어젖힌다. 물론 긍정적 불만족은 자체 안에서 위기를 발견하는 경우도 있지만, 그것 역시 삶의 풍요로움으로 만들어야 한다.

긍정적인 불만족의 동적 역학에 의해 감동한 사람은 행복한 순간이

---

9   아리스토텔레스, 『정치학』, Gamma 6, 1278b30

영원하기를 원하지 않는다. 그는 자신에게 고유한 가능한 일들의 범위 밖에 있는 영원성에 관심이 없다. 유한한 삶의 시간과 창작의 시간을 생각할 때, 그가 강조하고 있는 것은 시간의 양이 아니라, 질이다. 그가 시간에 대하여 진정으로 알고 있는 것은 단 하나, 시간은 귀중하다는 것이다. 삶이 짧다는 사실은 이에 비하면 그다지 중요한 것이 아니다; 물론 그는 삶의 절대적인 짧음, 따라서 무와 같다는 것을 진리라고 여기지는 않는다. 그러나 만약 모든 인간들이 예술가가 될 수 있고, 또 그럴 필요가 있다면, 만약 삶의 깨어 있는 시간 동안 갖게 된 잘못된 느낌과 인상들로부터 진리를 작품화하는 것이 중요하다면, 예술가가 자신의 소명의 길을 실행하는 시간은, 연인들이 상호적인 사랑을 위해 필요로 하는 시간과 같이 귀중한 것이다. 예를 들어 로미오와 쥴리엣의 경우엔 밤의 시간이 귀중하다:

줄리엣: 나를 믿으세요, 내 사랑, 밤 꾀꼬리의 울음소리예요.
로미오: 그것은 아침을 알리는 종달새이지, 밤 꾀꼬리가 아닙니다.[10]

마르셀 프루스트의 경우엔, 빛이 비치는 깨어 있는 시간이 귀중하다:

친구와 한 시간 잡담을 하기 위해 한 시간의 일을 포기하는 예술가는, 실존하지 않는 어떤 것을 위해서 현실적인 것을 단념하는 것이다.[11]

10　윌리엄 셰익스피어, 『로미오와 쥴리엣』, 3막, 5장면, in: 『셰익스피어 전집』 (W.J.Craig 편집), 옥스퍼드 1954, 783
11　마르셀 프루스트, A la recherche du temps perdu, (『잃어버린 시간을 찾아서』), IV권, 파리 1989, 454쪽

예술가의 현실성은 '실재 이상'(plus reel)의 현실성이다. 반면에 예술의 필연성을 알지 못하는 우정이 있다면, 프루스트가 명명하고 있듯이, 그것은 질문되어야 하는 simulation, 즉 위선이다. 사랑의 시간이나 예술의 시간이 귀중하다는 의미는, 거울에 비친 자신의 모습에 만족해하는 교태와 같은 뜻으로 이해되어서는 안 된다. 그러한 시간의 귀중함은 예술작품이 갖는 '현실성보다 더 많은' 강력한 현실성에 근거하고 있다. 이때 '현실성보다 더 강력한 현실성'은 '창조적인 불만족'의 강렬함에 비례한다. 시간의 귀중함을 경험한 자는 삶의 시간성과 유한성으로부터 달아나려는 생각을 하지 않는다. 시간의 귀중함에 대한 경험은 인간적인 자기 존중의 모든 순간과 연결되며, 모든 인간적인 자기 비하를 거부한다.

VI

죽음 없이 삶이 존재하지 않듯이, 죽음에 대한 진정한 감정이 없다면, 삶에
대한 진정한 감정도 없다.[12]

죽음과 삶의 문제는 진리의 문제, 즉 감정의 진리의 문제이다. 종교들이 지성과 이성의 희생(Sacrificium intellectus et rationis)을 요구한다면, 종교들이 본래적으로 다루는 것은, 이 세계의 실재적 의미와, 그 안에 내재한 정신적인 힘들이 아니라, 감정과 정서의 세계이다. 삶의 시

---

12   칼 필립 모리츠, 『안드레아스 하르트코프』(in: 칼 필립 모리츠, 『안톤 라이저. 안
드레아스 하르트코프』(1785-1790), 2판, 뒤셀도르프(2006), 484

간을 귀중하게 여기는 자의 경우, 《진저리나는 지루함》도 그를 놀라게 하지는 못한다. 왜냐하면 지루함보다는 《죽음 바로 곁으로》[13] 머무는 것이 더 끔찍한 일이기 때문이다. 이때 그를 지배하는 것은 죽음의 감정과 삶의 감정이다. 기분들은 곧잘 삶의 상황들과 시간들을 지배한다. 반면에 대지와 세계의 삶을 지속적으로 규정하는 것은 감정들이다. 삶의 신뢰, 삶의 만족, 삶의 성취 — 이러한 것은 왔다가 사라지는 것이 아니다. 따라서 종교들이 지배하려고 하는 것은 기분이 아니라 감정이다. 왜냐하면 감정들은 시간적 존재에 강한 흔적을 남기기 때문이다. 죽음의 감정과 삶의 감정은, 인간이 잘 감지하지 못하는 시간의 감정들이다. 그러나 감정들은 인간에게 말을 건네고, 형태를 제공한다. 감정들을 통해 인간은 삶의 유한성에 대하여 직감하게 되고, 끊임없이 이어지는 시간의 맥박에 대하여 직감하게 된다. 이런 의미에서 볼 때, 감정들은 삶의 시공간 전체와 관여하는 것이다. 그 감정들은 밝거나 어둡게 하며, 자유롭거나 억압하게 하고, 재촉하거나 망설이게 한다. 그런데 이러한 감정들이 열정들 — 부분적인 삶의 성공과 실패에 대하여 결정을 내리는 열정들 — 과 연결될 때, 인간은 그러한 감정들이 자신에게 가장 가까운 것이라는 사실을 비로소 경험하게 된다.

만약 삶의 유한성이 자연적인 사건이 아니라, 신에 의해 규정된 것이라고 한다면, 바울이 주장하는 것과 같이, 모든 삶의 시간은 필연적으로 불안의 시간이고 동시에 희망의 시간이다. 인간은 삶의 무상함을 삶의 영원성으로 새롭게 만들기를 희망한다. 종교들이 제시하는 죽음의 불안은, 원래 죽음에 대한 불안이 아니라, 삶의 유한성이 진실일 수 있다는 사실에 대한 불안이다. 죽음의 불안이 — 이 세계에서 가장 많이

13　칼 필립 모리츠, 『안드레아스 하르트코프』, 483

공유된 것이 상식이라는 데카르트의 표현과 비교할 때(la chose du monde la mieux partagee) ― 이 세계에 주어진 최상의 문제라고 생각한다면, 사람들은 삶의 진리에 만족하지 못할 것이다. 왜냐하면 삶의 진리와 더불어, 모든 살아 있는 피조물에 내재하고 있는 삶의 불안도 발견되기 때문이다. 그런데 '불안'이라는 것은, 원래 영원한 방식으로 삶 속에 존재하는 것은 아니다. 일반적으로 '죽음의 불안'이란 단어는, 특히 '어려운 죽음' ―루터가 희망한《자비로운 죽음》(자비로운 시간)에 상응하는 ― 앞에서 겪는 불안을 표현하고 있다. 그것은 결코 실제적인 죽음 자체 앞에서 느끼는 불안을 뜻하지 않는다. 예를 들어 늙고 자신의 삶을 다 산 노인의 경우, 그를 괴롭히고 그가 극복하기 원하는 죽음 앞에서 갖는 대표적인 불안은 의식이 없어지는 것에 대한 불안이다. 이에 대한 예를 우리는 괴테 시대 이후 전해져 오는 재미있고 활기찬 이야기에서 찾아 볼 수 있다:

> 죽음에 대한 확고한 생각이 보여 주는 것은, 죽음이 모든 즐거움을 두 배로 향유할 수 있게 하며, 모든 근심을 제거해 준다는 것이다. ― (삶이) 중단된다는 것에 대한 즐거운 생각은 그의 전 생명력을 항상 현재적 순간에 집중하게 하고, 그로 하여금 다른 사람들이 1년 사는 것을 하루에 살도록 한다.[14]

죽음과 삶이 서로 대립적이며, 죽음은 삶의 원수라는 생각 대신, 삶이 궁극적으로 중단된다는 생각은 삶을 자극하는 동기로 드러난다. 죽음은 무엇보다도 삶에 대하여 이야기하도록 만들며, 삶을 하나의 성장드라마나 실행드라마가 되도록 한다. 바로 죽음이 삶의 생명력을 자극하

---

14   칼 필립 모리츠, 『안드레아스 하르트코프』, 483

며, 이와 더불어 삶을 더 잘 살도록 한다. 이것은 죽음으로부터 얻은 삶의 경험의 확실성이며, 이 확실성은 삶의 가능성이 단 한 번이고 되풀이되지 않는다는 것을 통찰하게 한다. 죽음이 (찌르는) 가시(kentron)라면, 그것은 삶을 재촉하는 가시(Treibstachel)이지, (신을 거역한) 죄라는 독을 가지고, 삶의 희망과 삶의 권리를 무화시키는 독가시가 아니다.[15] 삶을 돕는 죽음은 살아 있으며, 죽지 않는다. 병과 무기력, 뱀에게 물리는 것과 폭탄을 투하하는 것은 죽음에 이르게 하지만, 죽음 자체는 아니다. 오히려 죽음에 이르게 하는 힘은 삶에 기여하는 것이다.

어머니의 자궁 안에 있는 태아를 미리 볼 수 있다면, 그 아이가 탄생의 불안을 가지고 있다고 생각할 수 있을 것이다. 왜냐하면 삶으로의 입구는 매우 좁고 어렵기 때문이다. 그러나 그것은 결코 삶의 불안이 아니다. 이런 점은 삶의 《중간에》 있는 인간에게도 마찬가지다: 죽음으로의 입구가 매우 좁고 어려울 수 있기 때문에, 그는 죽음에의 불안을 가질 수 있다. 그러나 왜 그는 죽음존재 앞에서 불안을 가져야 하는가? 유한한 삶을 긍정하는 자에게 죽음존재는 지옥으로 떨어지는 것이라고 주장하는 종교들의 암시가 성공했기 때문인가?

죽음존재 안으로 뛰어 들어가는 것으로서 죽음은 《마침내!》 온다. '마침내'(endlich)라는 단어는 — 삶에 가장 가까운 의미로 살펴보면 — '갈망'이란 의미를 지닌 단어, '예상보다 빨리 성취된다'는 의미를 지닌 단어이다. 종말이란 의미를 지닌 단어들 Enfin, finally, teleos, tandem(talis)이 보여 주는 것은 시간의 종말은 오며, 삶의 시간은 유한(endlich)하다는 것이다! 삶은 종말을 강요하며, 아무리 귀중한 시간도 계속 삶으로 채워지지는 않는다. 마침내 다가오는 죽음은 삶을 살아

---

15   고린도전서 15장 55절

온 인간으로부터 모든 시간을, 즉 살아온 삶과 살아가야 할 삶의 합일의 순간을, 즉 삶의 과거와 미래의 합일의 순간을 빼앗아 간다. 죽음은 완전하게 자기가 없어지는 일이다. 인간이 자기 자신과 관계를 갖지 못하는 것은, 시간과 관계를 맺지 못하는 것을 뜻한다. 죽음과 삶의 드라마는 삶 안에서 수행되는 것이다. 인간적인 드라마에서 죽음존재보다 더 멀리 있는 것은 없다. 시간적인 유한성은 그러한 드라마 속에서 항상 자신의 시간을 갖는 것이다.

한 인간을 늙어 보이게 하는 나이는, 비록 결코 참기 어려운 것은 아니라도 하더라도, 그에게 삶의 곤궁함과 어려움, 심지어 고통스러움을 준다. 이러한 점은 자연에 의해 주어진 죽음의 전조 현상, 곧 다가올 죽음의 전조이다. 그러한 나이는 한 인간이 그의 종말에 가까워지고 있다는 것을 생물학적인 방식 뿐 아니라, 공감적인(sympathetisch) 방식으로 보여 준다. 유한성을 위해 자신의 고유한 시간을 가질 수 있는 여유를 간직하는 것, 이것을 유한성은 가르쳐 주고 있다. 삶으로부터, 타자로부터, 그리고 자기 자신으로부터의 이별은 어려운 일이다. 그렇다. 그것은 충분히 어려운 일이다. 그러나 결국엔 이전부터 들려온 환영한다는 소리 《마침내!》가 승리하게 되는 것이다.